中華文化叢書

古琴

「絲桐合為琴，中有太古聲。」古琴之形，典雅修長；古琴之因，古樸疏朗；古琴之志，淡泊孤傲。古琴，以其超凡脫俗之態居於「琴、棋、書、畫」之首，被歷代文人雅士視為修身養性的必由之徑，儼然已成為雅正音樂之典範，中華文化之符號。

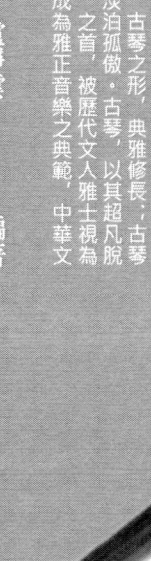

盧靜雲——編著

崧燁文化

前　言

我師嶺南琴闌主人許海帆先生曾如此闡述古琴之雅樂精神：“在琴韻上立定精神，弦指間決出生活，雅樂裡脫去胎骨，混沌中放出光明，這就是古琴永恆之魂。”

意蘊平和清遠的絲桐之聲，如若心魂相契的故人，袖間藏有朗朗清霜，或泠泠流泉，或皎皎明月，踏著荒煙夕照，輕輕然而來，為我清點煙火塵間的種種迷惑。沿著這欸乃之聲，漫漫辰光方才開始。我喜歡，就這樣，靜靜地凝聽那琴音來處的古雅淡逸，唯有如此，才能遇見性靈深處的光明，才能平緩心緒中清瘦的寂寥，才能探得寧靜的最初是怎樣的美好！

初識古琴，從少時那一盒無名的磁帶開始。那是繁花錦盛的歲月，柔弱以靜，舒安以定，在磁帶粗糙的旋轉中，藏掖著無數天真的小秘密，仿若三弄梅花，徐徐然拂滿一身，落在眉間的香，至今依然清晰。

不過是十幾歲的光景，卻在那含蓄深沉的琴音中癡癡成結，往往一聽便不舍，直抵內心最柔軟的深處。那時候，並不知這樣的音樂屬於何種樂器，也不知這些一遍又一遍翻聽的曲子叫什麼名字，甚至連這盒沒有封面、沒有說明的磁帶是從何而來都已經不記得了。若你要問，以少時純粹的心境，能聽出琴樂中的什麼來？我卻只能坦白，喜歡聽琴，不過是因為好聽。在詩意日益空白的年代，琴樂帶著一份清淺的感動不期而至，偷走了我無數光陰，在我不知覺的罅隙中。

得以填補這隱秘的缺口，與琴相遇，是十數年前的某天，在街角的一個小琴行裡。樂聲傳來，每一個音符，都是我所熟知的眷念，不需細聽，便已深入彼此的默契裡，仿佛影子與光那般親密自然。

在琴音裡，我依然保持著如初的虔誠。朝夕流轉，我沉浸在古樸的夢寐不得自拔，如渴，如狂。仿要彌補以往所有的遺失，卻不知，其實我並沒有準備好。那時候，在彈習每一新曲前，我都先順著前人的釋題為琴曲定下一種情緒，才下指練技。彈《秋江夜泊》，須求琴聲中展現落月、啼烏、滿天霜與不眠人的空靈曠遠的情境；彈《幽澗泉》，又見澗谷幽靜、流泉水深，"緝商綴羽，潺湲成音"，我彷彿能在幽幽的琴音中，聽見琴師"心寂曆似千古"的心緒與不得志的孤高。我甚至以為自己能從這雅正勻潤的樂聲中，聽見古時波動的微瀾。

卻不知如何被一棒喝停，才發現一切遠比自己想像中艱難。我只是在彈琴，撥弄七弦，卻不得而知其中真蘊。這樣的勤練，才是真正的懶，懶得去思考古琴音樂為何傳承數千年不絕，並成為承載中華雅樂精神的法器，成為傳統藝術的一塊瑰寶，甚至懶得去觀照內心深刻的希冀與疑惑。

琴，即琴樂，其實，感悟的線索早已藏匿在樂聲之外；其實，我什麼都聽不見……

唐代琴人曹柔有"指訣四言"，一語中的："左手吟猱綽注，右手輕重疾徐，更有一般難說，其人須是讀書。"原來，我一直只關注指上的功夫，沉溺在自我感覺裡，卻錯失了對真相的追求。讀書之前，以我淺薄的修為，在琴樂裡所聽到的世界，不過是世界在我意識裡虛造出來的影像，是根據我的認知而詮釋出來的虛妄，而不是真實的體驗。所以，彈琴，需同步讀書。

這是我寫就此書的因緣。

謹以此書，獻予不曾學琴的傳統文化熱愛者，獻予初入琴道還未來得及瞭解琴學的琴生。書中淺拙之見，請琴人前輩雅正。

目　錄

第一編　古琴概述

古琴是我國最為古老的樂器之一，它的身上承載了太多的資訊。作為中華文明重要的組成部分，古琴有著久遠的歷史、豐富的文化、複雜的演變、不懈的傳承，時至今日，古琴已經走出國門，為越來越多的人所喜愛。本編講述了古琴的起源與衰微之故，解開我們對古琴的種種迷惑。

一、古琴簡述及衰微之故

古琴，因縛弦七條，又名“七弦琴”。在有關古琴的所有記載中，其只稱為“琴”，後來因為“琴”的概念被廣泛化，以琴為名的樂器很多，如揚琴、胡琴、鋼琴、風琴、電子琴、口風琴等。因此，現代的“琴”只是一種類名，沒有了特指意義。人們有感於“琴”的歷史悠久，所以於 20 世紀初才把“琴”稱為“古琴”。

古琴是中國歷史上最為古老的彈撥樂器之一，可考證的歷史就有三千多年之久。同時，古琴也是最具人文內涵，最能代表中國音樂文化成就、體現中華傳統民族文化神髓的樂器。作為修身正行之器，古琴以其清、和、淡、雅的特點，被列為禮樂文明中“琴棋書畫”之首。故有“眾器之中，琴德最優”的說法，可見古琴在中國傳統音樂的歷史上佔有極為重要的地位。

琴樂高雅超逸，古有“士大夫無故不撤琴瑟”，鼓琴已成為了文人雅士的一種生活習慣。除此之外，琴樂還廣為歷代帝王和官宦所推崇，也普遍存在於民間，包括寺廟、道觀、市井、山林之中。自古琴樂便在社會生活中深深植下了根，作為不可或缺的藝術情感體驗，同時也是華夏兒女心中的一股精神力量，琴樂已經超越了樂藝本身的意義，而成為傳統文化的一種象徵。

我們知道鋼琴，知道小提琴，知道古箏，也知道琵琶，卻任由流傳了數千年的古琴在我們的生活中愈行愈遠。只在僅有的一個小圈子裡，少數琴人在竭力傳習，才不至於讓中國古琴藝術的傳統中斷。不可否認，古琴已較少在公眾場合出現，人們對其熟悉度和重視度已經很低，多數的人完全不知道古琴為何物，或者把古琴和古箏混淆，更不要說琴學背後所蘊含的深刻的傳統文化了。

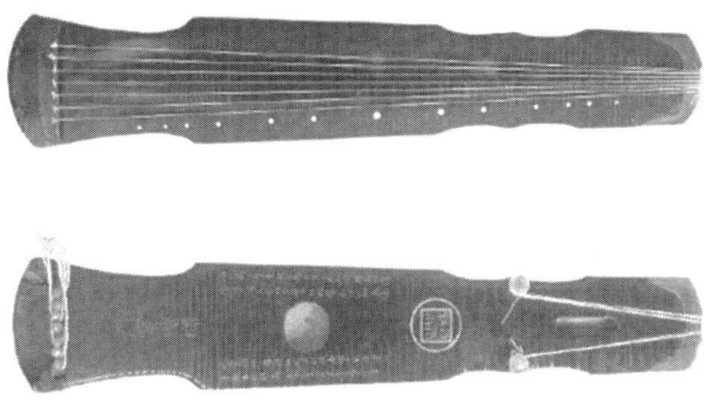

唐琴“九霄環佩”

“泠泠七弦上，靜聽松風寒。古調雖自愛，今人多不彈。”古琴退居到了一個被人遺忘的角落，時間的塵埃遮蔽了它清正明和的聲音，豈不讓人扼腕唏嘘？也許，它偶爾也會在博物館的罅隙中閃耀歷史的光芒，等待我們去挖掘，等待我們去發現，待我們為它重新注入生命力……我們丟失的不僅僅是一種樂器。

到底是什麼，讓流傳了數千年的古琴逐漸走向衰微？

首先，是琴自身的原因。中華民族的寬容、謙遜、崇尚自然等精神品質和古琴清和淡雅、超然物外的特質相通，於是古琴被賦予了更多的精神內涵，而不僅是一種悅人舒心的樂器。對於一些普通人來說，古琴被視為雅器，是神聖之物，自然與世俗的生活隔離開來，曲高和寡，只能孤芳自賞，如此更不利於琴樂的普及。

再者，古琴的藝術風格體現的是“靜”“和”的美學特點，需要鼓琴者與聽琴者都有一定的文化修養、思想高度和藝術品位，才能感悟琴音之間的內蘊。有人說古琴難學，易忘，不中聽。如此也是，古琴不如其他樂器那麼悅耳，不能滿足人們對音樂的娛樂性需求，甚至與現代大眾的音樂審美情趣有所脫節，導致喜琴者少之又少，並多為自娛自賞。古琴的音量比較小，只適合三五知音促膝而奏，如果搬到大舞臺，加上一堆擴音器材，就會完全喪失琴的韻味，聽者體會不到那種微妙的弦上之音。於是，古琴拒絕了彩燈絢爛的舞臺，也失去了許多被人們認識的機會。

還有，古琴的記譜與五線譜和簡譜不一樣，是一種手法文字譜，只能記錄下比較繁複和精細的指法，不能反映出旋律、音高等因素。所以自古學琴者，主要還是靠老師的口傳心授，一旦傳授中斷了，古琴彈奏就很難再重現了。鑒於琴譜還原的難度，加上過去又沒有錄音器材用以記錄，現在能完整復原的古譜已經很少，這於古琴的保護和傳承也是一大難題。

除了古琴自身的原因之外，社會的動盪變革也造成了古琴藝術的衰落。19 世紀末 20 世紀初，時代潮流巨變，中國興起了許多新式的學堂，開授以西方音樂為主的課程，西方音樂文明成為主流，嚴重衝擊著中國傳統的音樂藝術審美，本來就曲高和寡的古琴藝術更是備受冷落。

而後，中國經歷了數番戰亂，琴人們顛沛流離，連基本生活都不能得到保證，更不要說靜下心來彈奏古琴，發展古琴藝術。

“文化大革命”是中華傳統文化的噩夢，人們以為破舊便可立新，於是“破四舊”的運動迅速席捲全國。古琴被視作為剝削階級服務的樂器而遭受到激烈的批判和損壞，許多傳世的名琴被摔毀，大量珍貴的琴譜付之一炬。許多老一輩的古琴家受到各種迫害，生活如履薄冰，惶惶不可終日，身心俱損。北京古琴研究會始創者之一的溥雪齋先生被抄了家，家中所藏的琴和書畫悉數被毀。迫於無奈，溥先生帶著六個女兒離開了家，從此音訊全無，不知生死。當代川派古琴大師顧梅羹先生被戴上了“反革命”的帽子，被抄家、批鬥。顧先生冒著危險極力保住了明代名琴“飛瀑連珠”。後來，顧先生在極其惡劣的環境中繼續偷偷地發掘古譜並進行琴學研究寫作，完成了琴學巨著《琴學備要》，此書後被稱為“中國現代古琴教育史中第一本最全面的古琴教科書”。

“文化大革命”之後，古琴的發展出現了斷裂。幸而一些有志之琴人在艱難的環境下從未放棄對古琴藝術的研究和傳承。

直到有一天，古琴音樂走向了世界，甚至被帶上了浩瀚的太空，我們才恍然大悟：原來，它一直在我們的身邊，從來沒有離開過。

今天，古琴文化開始呈升溫的趨勢，此乃可幸之象。中華傳統絲絃樂器，經過數千年的文化遷移，所剩不多，我們沒有理由

任由古琴這個瑰麗的傳統藝術珍寶就此蒙上塵埃。我們可以不必學習操弄一首複雜的琴曲，也可以不必吟唱一首古樸深遠的弦歌，但是作為中華兒女，我們應該去瞭解一下這種蘊涵著中華數千年精神文化的琴器，瞭解一下那些深遠的音符背後的琴道。

二、古琴的多種起源說

古琴之所以被稱為“古”琴，正是因為它的歷史悠久，而它到底起源於何時，又是誰創制而成的，至今仍是說法不一。從現存的考古文獻資料來看，古琴至今有三千多年的歷史，在《尚書》《詩經》《樂記》等古籍中均有提及，但是最早出現在什麼地方，卻很難做出準確的判斷。根據不同的資料，古琴的起源，大概分為伏羲說、神農說、黃帝說、唐堯說、虞舜說等幾種說法。

1. 伏羲說

東漢琴家蔡邕在其著《琴操》中道：“昔伏羲氏之作琴，所以修身理性，返天真也。”宋代琴家朱長文在專著《琴史》中亦載：“昔者伏羲氏既畫八卦，又制雅琴。”《太古遺音》一書中也有這樣的說法：“伏羲見鳳集於桐，乃象其形，削桐木制以為琴。”《世本》亦說：“伏羲削桐為琴，面圓法天，底平象地。龍池八寸，通八風。鳳池四寸，象四寸。五弦象五行，長七尺二寸，以修身理性，反其天真也。”

伏羲是中華民族的人文始祖，是列於三皇之首、百王之先的神話人物。他的母親華胥氏是一位美麗典雅的女子，有一次到雷澤遊玩，忽見一隻碩大的腳印。華胥氏好奇，便抬腳踏在這個大腳印上，當即覺得有一股巨大的力量纏身，竟受孕生下一個兒子，取名為伏羲。

伏羲生來人頭蛇身，落地即跑，遇風即長，很快就長成了巨人，又能緣木以登天，成為東方天帝。一日，伏羲在林子裡見到兩隻美麗的鳥兒落於一棵大樹上，鳴如簫笙，音如鐘鼓，百鳥聚集，向著這兩隻鳥兒齊鳴。想來必是百鳥之王的鳳凰，其性格高潔，能通天應地，“非晨露不飲，非嫩竹不食，非千年梧桐不棲，”而今來到這裡，定是瑞祥之兆。

伏羲再看鳳凰降臨的那棵大樹，正是梧桐林中的神靈之物。於是，他砍下桐木，製成了樂器，便是我們今天所見到的琴的原型。傳說這棵梧桐樹高三丈三尺，按三十三天之數，截為三段，取意天、地、人三才。伏羲取中間的一段，再截一段放在流水中浸泡七十二天，按七十二候之數，然後取出陰乾，選取良辰才制得琴。

伏羲所制的琴，琴面渾圓，效法於天；琴底平正，象形於地；琴長有三尺六寸五分（約 122 釐米），象徵著周天三百六十五度，也象徵著一年三百六十五天；寬有六寸（約 20 釐米），象徵著天地之六合；上有龍池，長八寸（約 27 釐米），通八風，下有鳳沼，長四寸（約 13 釐米），合四時，意為天地間氣息往來；琴體前廣後狹，喻尊卑有別。琴有五弦，配五音（宮、商、角、徵、羽），合五行（金、木、水、火、土），粗大的弦喻為君，緩和而溫隱；細小的弦是為臣，清廉方正。伏羲還借此教導群臣：“五音之中，宮是君、商是臣、角是民、徵是事、羽是物，五音純正就天下和平，百姓安寧。彈奏琴就會通神明之大德，與合天地之至和。”

此後，君子操琴而養心，感悟天地自然應合，領悟仁德義理，修身養性，返璞歸真。

大多數人都支持伏羲造琴說，把伏羲與琴聯繫在一起。雖說伏羲是傳說中的神話人物，但是神話多為遠古人類對無法解釋的自然現象的描繪，或以歷史事件為依據加以幻想神化而成。所以，神話與歷史事實是有密切關聯的。對於“琴”這種傳統古樂器來說，其歷史意義追溯到遠古的聖明伏羲，亦是有一定的道理。

2. 神農說

神農氏，傳說中遠古的太陽神，人身牛首，華夏三皇之一，嘗遍百草，種五穀，授人以農耕與醫藥療治之方。

東漢琴家桓譚在其著《新論·琴道》中雲："昔神農氏繼伏羲而王天下，亦上觀法於天，下取法於地，近取諸身，遠取諸物，於是始削桐為琴，繩絲為弦，以通神明之德，合天地之和焉。"桓譚說的是，神農氏繼伏羲之後而成為天下之皇，他仰觀得法於上天，俯視得法於大地，外察萬物，內察身心，感應自己的身體和周圍環境的變化而悟得"天人合一"之法。於是他開始削鋸桐木創造了琴，纏結絲繩作為琴弦，用音樂協和神明之德行和自然之和諧，以感化人心。

東漢傅毅《琴賦》亦道："神農之初制，盡聲變之奧妙。"

3. 黃帝說、唐堯說

此兩說記載資料比較少，黃帝說者多以《新刊太音大全集》中"梁元帝《纂要》曰：'古琴有清角者，黃帝之琴也。'"為證據，卻也不曾明確說出古琴是黃帝所創造。

唐堯說者以《禮儀纂》"堯使毋句作琴，五弦"為證據，借此說明唐堯創制了五弦琴，不過這種說法的支持者也非常少。

4. 虞舜說

《禮記·樂記》中道："昔者舜作五弦之琴，以歌南風，夔始制樂，以賞諸侯。"說的是昔日虞舜創造了五弦琴，來歌《南風歌》，虞舜時代一位著名的樂師夔開始借此創作各種琴樂，以樂賞諸侯。

《文選·琴賦序》中李善注："《屍子》曰：'舜作五弦之琴，以歌南風，南風之薰兮，以解吾人之慍。'是舜歌也。"也是支持這種說法，認為舜創五弦琴，來奏《南風歌》。

虞舜，名重華，華夏上古五帝之一，四方部落聯盟的首領。根據大量的考古文獻發現，舜帝確有其人，並不似伏羲神農者為遠古神話的人物，這也是虞舜造琴說支持者的一大證據。

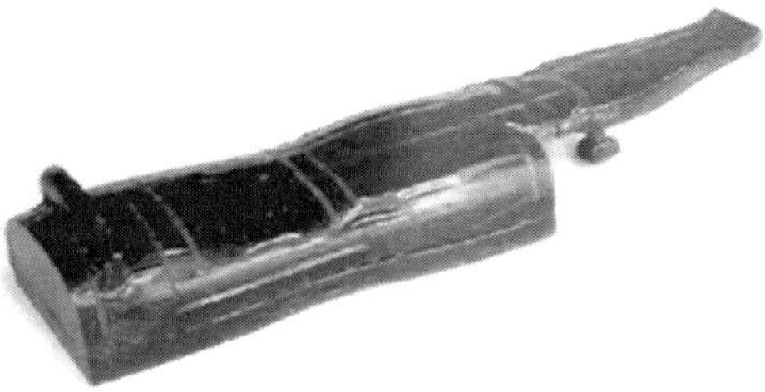

曾侯乙墓出土的十弦琴

琴作為禮樂文化之先，最初的使命是服務於祭祀等天人溝通的儀式，而這些儀式在虞舜的時代已漸漸頻繁起來，此又為一證。

再有，在虞舜的時候，人們開始學會養蠶，蠶絲堅韌耐用，可用以製作琴弦。用蠶絲製成的弦，彈出來的樂音韻長味厚，蒼古圓潤，更為人們所喜愛。

現代琴家謝孝蘋先生曾撰有專著以提出支持虞舜造琴的觀點。湖北省隨州發現戰國初曾侯乙的墓，從中出土了一張十弦琴，湖南長沙的西漢馬王堆出土了一張七弦琴，都為“一足”，即只有一個琴足。謝孝蘋先生認為，這種只有一足的琴必是與虞舜時只有一隻腳的樂師夔有關。他說創始人可能是虞舜本人，也有可能是夔，所以古琴的原始形式就是以一足來支撐整個琴體的，現在的古琴有雙足、十三徽，是魏晉時期才固定下來的。

關於古琴的創制，眾說紛紜。琴造於何時，造於何人，並沒有確鑿的資料去證明。但可以肯定的是，在久遠的年代，已經出現了琴，至今起碼有數千年的歷史了。

三、古琴的傳統演變

關於古琴的傳說數不勝數，其可謂是中國傳統樂器中神秘色彩最為濃厚的了，而且這種神秘的色彩經過歷史的篩選和流傳，已經深入人心。從伏羲、神農等上古傳說人物的造琴說，到師曠鼓琴可使玄鶴起舞、伯牙鼓琴可使六馬仰秣的故事，這些被論為“虛言”的記載，就像那銘刻在華夏文化典籍中的神話一樣，於口口相傳的年代，穿過幽深漫長的歷史隧道，依稀保存著過去真實的部分。

古琴從遠古走到現在，有著其獨特的生存形態和演變過程。

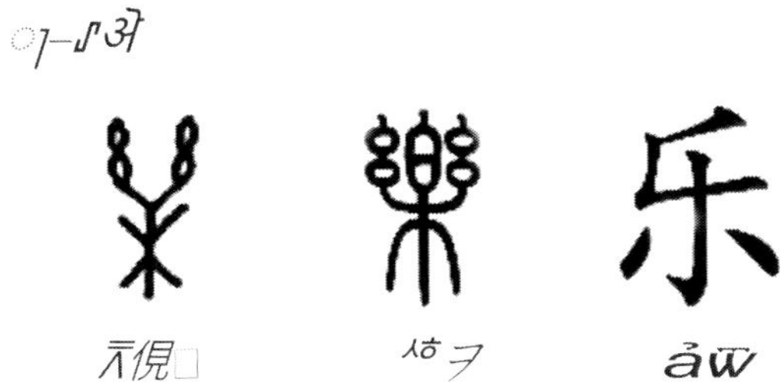

我們可以看到，音樂的“樂”字在甲骨文中的形態，上面部分是絲或絲弦的象形字，下面部分是一個木，仿佛是木枕上系著絲弦，不正如琴等撥弦樂器嗎？可見，以弦與木製作而成的樂器，在中國的歷史甚為久遠。因為每一件事物從產生到發展，定會經過一個相當久的過程。我們甚至可以大膽地猜測，到殷商有文字記載的時期，琴的型制發展已經比較成熟了。

琴在最初，並不是一件演奏樂器，而是為巫術服務的法器。

原始先民認為世界是由一種神秘的超自然力量控制的，一切無法解釋的現象皆是神靈鬼怪作祟。

陝西寶雞茹家莊西周墓銅人像

銅人手持似祭祀所用樂器

這些在他們的眼裡，充滿了敬畏和神秘感。他們也認為神靈鬼怪都像人一樣，有著喜怒哀樂，並且會給予人類福祉或者災難。這樣的神靈並不是唯一的，原始先民們相信萬物有靈，星辰山河、樹木花草都有著不滅的靈魂，所以每個部落都會有自己崇拜的偶像，並有著自己所信仰的圖騰。人們也只能通過某種手段和方式，與控制世界的神靈溝通，祈求得到福祉，躲避災禍；或者想擺脫自然的羈絆卻力不所及，便要尋求一種力量來控制自然、支配自然，巫術由此而生。

巫術的實施過程，是有一套儀式和程式的。早期的儀式比較簡單，到後來，儀式開始變得嚴格繁複了，包括念咒、唱誦、舞蹈和使用法器，並且只有少數的人能有資格實施巫術，他們甚至擁有以神之名實現神明裁判的權力。

我們要說的，就是實施巫術過程中所使用的法器。從大量的甲骨文和銅器銘文資料可見，商周時期人們舉行祭祀等巫術活動時，常有樂舞相伴，同時也會使用一些樂器作為法器助祭，以樂器和樂舞為通神的工具。所以，大部分的傳統樂器最初都與巫術儀式有關。

伏羲造琴，是為了“禦邪僻，防心淫，以修身理性，反天真也”；神農造琴，是為了“以通神明之德，合天地之和焉”；虞舜造琴，是為了“治天下”……琴的創制之初，並不僅僅為了音樂的審美，而是有更重要的功能。

當代琴家葛翰聰先生提出“琴與巫的一體化”觀點。音樂學者劉承華先生在《古琴藝術論》中也提出了一個證據：“湖北省隨州戰國初曾侯乙墓出土的十弦琴、湖北荊門郭店一號墓所藏的七弦琴、湖南長沙馬王堆西漢的七弦琴是我們現在能見到的最早的琴器實物，而它們有一些共同的特點。例如沒有琴徽，所以只能彈散音，難以彈泛音和按音，因此音樂表現力比較弱。又例如琴腹的共鳴腔較大，琴板較薄，所以聲音洪亮，比較適合室外渲染聲

湖南長沙馬王堆出土的西漢七弦琴

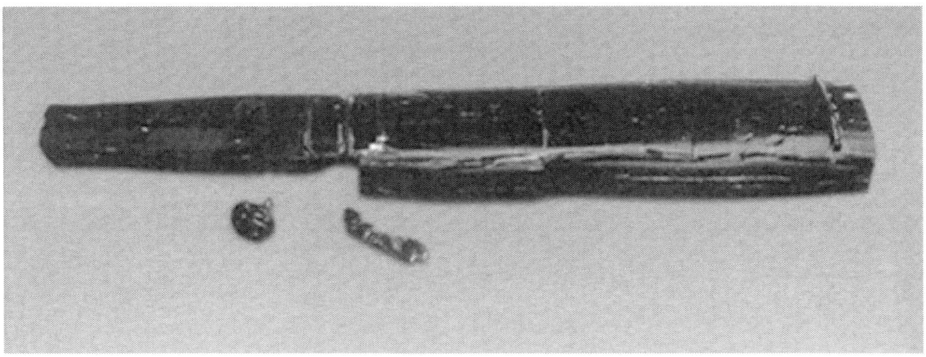

湖北荊門郭店一號墓出土的七弦琴

勢所用。而琴的形制比較小，尾部有一木條，劉承華先生認為這是為了適合抱彈，而不僅是放在案上臥彈，尾部的木條是方便琴手的握持。這些特點都不利於發揮樂器的音樂功能，卻恰恰是巫師琴的優點。”所以劉先生得出結論：“古琴最初是‘寄生’於巫術，它的第一個傳統，只能是巫師琴傳統。”

隨著時代的發展，禮樂文明的形成，琴逐漸從神秘的巫術走進人們的日常生活中。我國文學史上最早的詩歌總集《詩經》中有許多關於琴的美麗詩句“參差荇菜，左右采之。窈窕淑女，琴瑟友之。”（《周南·關雎》）“鼓鐘欽欽，鼓瑟鼓琴，笙磬同音。”（《小雅·鼓鐘》）“妻子好合，如鼓琴瑟。”（《小雅·常棣》）“琴瑟在禦，莫不靜好。”（《鄭風·女曰雞鳴》）……從這些句子裡能看到，琴已經從巫師或者貴族的手中，漸漸深入到民間了。

許多學者把琴的發展線索分成“文人琴”和“專業琴”（或稱“藝人琴”“藝術琴”）兩種。

“專業琴”一般是指那些“或以琴待詔翰林，或以琴師之名授琴為業，或以琴為權貴幕賓者”，他們多以琴為職業或者專業，彈琴也多為了娛人，所以他們更注重技法上的純熟，追求琴的演奏效果，以增強對聽琴者的感染力，以此來獲得社會的重視。

唐代薛易簡在《琴訣》中說道："琴之為樂，可以觀風教，可以攝心魄，可以辨喜怒，可以悅情思，可以靜神慮，可以壯膽勇，可以絕塵俗，可以格鬼神，此琴之善者。"這都是專業琴師所追求的境界，考慮的是琴藝對外界事物的作用。所以他們會嚴謹地鑽研技法，通過探討實踐達到精微的音樂表現效果。師曠鼓琴令玄鶴起舞、伯牙鼓琴令六馬仰秣、雍門周鼓琴讓孟嘗君傷心泣涕等皆以為例。

"文人琴"則偏重文人愛好，或以琴提升自我修養，或以琴娛賓悅己，或以琴懷聖思賢，或以琴避世慕仙，但也有文人愛琴在其藝術寄情者。文人琴並不以琴為專業，更注重的是內在修養，體現的是個人的精神追求和處世態度。所以他們不會過於看重奏琴時的技巧，也不在乎是否能取悅他人。桓譚所道"古者聖賢玩琴以養心"，便是如此。

文人彈琴的目的比較簡單，所以技法上也比較樸素，聽起來平和舒緩，更符合文人崇雅求正的特點。他們或結詩侶酒客，鼓琴助興；或獨坐幽篁，自得其樂。唐代詩人白居易就是這樣。"每良辰美景，或雪朝月夕，好事者相過，必為之先拂酒罍，次開詩篋。酒既酣，乃自援琴，操宮聲，弄秋思一遍。"不求琴藝精湛高超，但求"從此到終身，盡為閑日月"，這便是古代文人超逸曠達的精神吧！甚有灑脫如陶淵明者，竟享無弦琴之趣，無弦無徽，無聲無音，卻說："但識琴中趣，何勞弦上聲。"這就是文人琴的特點。

文人賦予琴樂更豐富的內涵，卻忽略了技藝的探索實踐，曲高和寡，不易被人們所接受，也限制了琴的普及和發展。專業琴重視琴技的研究，更有利於古琴藝術的發展，卻又過多注重形式，遺失了內在的精神文化意義。所以在此兩者間尋求平衡點，互相滲透，把各自的優勢統一起來，是大勢所趨。

四、古琴走向世界

古琴對世界的影響，早在唐代已經開始。是時，中日文化交流最為興盛，包括古琴音樂在內的各種音樂文化大量傳入日本，其中尺八等樂器在日本深深紮下了根，甚至成了日本邦樂的重要樂器。而作為最能體現中華民族文化神髓的傳統樂器——古琴，最初卻無法在這個國家立足，傳入日本的各種琴器、琴譜、琴書被日本人束之高閣。古琴對於他們來說，是一件帶有神秘色彩的器物，而非人人可奏，正是“可遠觀而不可褻玩焉”。

後來禪文化在日本興起，才為古琴融入日本人的音樂生活提供了土壤。而古琴真正被日本人所認同，還該從明末清初時，曹洞宗高僧東皋心越禪師的東渡說起。

東皋心越禪師，俗名蔣興儔，幼時在蘇州報恩寺剃度出家，不僅深諳曹洞宗旨趣，而且工詩文、善書畫、精篆刻，得廣陵琴家莊臻鳳等大家的琴學真傳，琴道造詣深厚。心越禪師曾歸隱於浙江杭州的永福寺，康熙十五年（1676年），為避亂經普陀東渡扶桑，到達九州後駐長崎興福寺，後來受邀到水戶岱宗山天德寺為住持，創立了日本曹洞宗壽昌派。天德寺後改名為壽昌山祇園寺，以心越禪師為開山祖。

心越禪師在日本一邊講經說法，一邊傳授書畫篆刻和琴藝。一時間，求教者接踵而來，絡繹不絕，禪師也因此聲名遠播。

最初向心越禪師學習古琴的是人見竹洞和杉浦琴川，而他的另一位弟子小野田東川後來也開始授徒，為普及古琴不遺餘力。由此，古琴藝術在日本的江戶時代開始興盛。在心越禪師的影響下，日本人終於願意走進古琴，琴人的數量逐漸增多。據考證，“江戶時代日本琴人達 600 餘名，從江戶中期至化政時期，對積極關心新世界的知識階層人士來說，琴是極具魅力的存在”。可見當時日本的琴學傳播盛況空前。

心越禪師東渡日本的時候，帶去了五張古琴，現見記載的只有三張，分別名為“虞舜”“素王”“萬壑松”，其中“虞舜”後歸於水戶德川家族，現存於東京帝國博物館。除此之外，他還帶去了大量的中華文化典籍，其中關於古琴藝術的便有《松弦館琴譜》《理性元雅》《伯牙心法》《琴學心聲》等。現在日本還存有心越禪師的多種手稿，其中包括琴譜《洞庭秋思》《漁樵問答》《鶴舞洞天》《飛鳴吟》《鷗鷺忘機》。

在日本期間，心越禪師還譜就了大量琴曲，其弟子為其傳抄，將琴曲以抄本的形式流傳了下來，集編成了著名的《東皋琴譜》。該琴譜在日本多次被重版刊印，對日本琴界影響很大。琴譜中多以琴歌為主，包括了心越禪師所創作的《熙春操》《思親引》《安排曲》《清平樂》《大哉行》《華清引》，還有改編的《久別離》《箕山操》等。有人說：“心越的琴曲旋律和明代或唐代的中國琴譜比較起來相當簡單，曲體也是以小曲為多。”琴譜中所存曲目確實短小，演奏技法也相對簡單。客觀來說，小曲更容易普及，被大眾接受。

浦江仙華山東皋心越紀念碑

《東皋琴譜》對古琴在日本的發展，有著非凡的意義。許多中國老一輩琴家都認為心越禪師的琴譜在琴歌的發展歷史上具有標誌性的特點，為琴學研究提供了很好的材料。就連古琴家查阜西、王迪等前輩都曾對《東皋琴譜》進行了打譜和研究。

心越禪師為古琴藝術在日本的傳播做出了巨大的貢獻，使琴道得以在這個民族興盛，無愧《日本琴史》中道：“琴學盛於日本，實師(東皋)之功也。”

明清時代，歐洲人已經開始注意到古琴了。隨著天主教傳入，數百名歐洲的傳教士來到了中國，促進了中西文化的溝通交流。也正是他們，在把西洋樂器及其音樂理論介紹到中國的同時，也把中國的傳統音樂文化帶回了歐洲。

1779 年，巴黎出版了首部用歐洲語言來系統研究中國音樂的專著《中國古今音樂考》，其作者就是當時來中國傳教的法國神父錢德明(1718 年—1793 年)。錢德明神父十分熱愛漢文化，他為西方音樂界聽不見中國的音樂而感到遺憾，他說："你們的音樂不適於我們的耳朵，我們的音樂也不適於你們的耳朵，你們不能像你們感覺你們最美麗的作品一樣感覺我們認為最美麗的作品。"他還說："我希望通過我這部介紹中國音樂的著作，使這些人能夠得出對中國音樂的正確評價。"

《中國古今音樂考》的第一部分，介紹了包括古琴在內的八類中國傳統樂器，書中詳細說明了琴的歷史、製作和技法，還附有圖例，是西方最早具有音樂圖像學意義的中國樂器介紹。

20 世紀初，荷蘭著名的漢學家高羅佩（1910 年—1967 年）也對古琴在西方的傳播做出了重要貢獻。他在 20 世紀 30 年代任荷蘭駐日本東京使館的外交官時，開始了對古琴的研究，後來被調到荷蘭駐中國大使館任一等秘書。高羅佩對古琴藝術十分癡迷，在日期間，曾多次往返北平，跟從清末琴家葉詩夢學琴。來到中國後，又多與查阜西、徐元白等琴家學習交流，深入研究古琴文化。

高羅佩《琴道》封面，封面圖為高羅佩為其師葉詩夢所繪肖像

在日期間，他大力對外宣傳東皋心越禪師的偉績，發表有《中國雅琴及其東傳日本後源流考》等音樂論著，後來又輯成《東皋心

師全集》。1938 年，高羅佩完成了《琴道——琴的思想體系之論著》，在東京上智大學出版的《日本文化志業》上連載，並在 1940 年出版，被認為是古琴學研究領域的權威之作，在西方音樂界廣有影響。

近年來，古琴的發展尤為迅速。隨著中國的崛起，世界開始把目光投向這個東方古國，同時也開始關注華夏的代表性傳統樂器——古琴。在英國、美國、法國、德國等國家，都有琴人自發而起，舉辦著各種古琴雅集。而中國的古琴家也會到國外進行古琴交流活動，舉辦各種講座和音樂會，以更大程度地傳播、發展這一項古老的藝術文化。

早在 1945 年，古琴大師查阜西便在美國公開演奏古琴並舉辦講座。

查阜西先生的學生李祥霆一生致力於古琴藝術的推廣，成為當代最具影響力的古琴藝術家之一。1982 年，李祥霆在英國達拉姆東方音樂節舉行了一場古琴獨奏會，這是古琴史上的第一次獨奏會。1989 年，他到英國劍橋大學做古琴即興演奏研究，並在倫敦大學亞非音樂研究中心任客座研究員。至今，他已多次到英國、美國、法國、德國、日本、荷蘭、芬蘭、奧地利、義大利、新加坡、紐西蘭等國家演出，舉辦了四十多場獨奏音樂會，並在大學裡開展學術演講，把中國的古琴推向了全世界。

李祥霆覺得古琴是全世界都能聽懂的音樂，他說讓他最難忘的是 2005 年在美國三藩市藝術博物館的個人獨奏音樂會，300 人的位置全部坐滿，而且大部分是西方人。他說："我當時的感覺是，既為這些文化完全不同的人能夠接受和喜歡我們的古琴音樂而感動，又為我們的祖先在 3000 年前就能創造出全面表現人類社會感情和精神世界的成熟音樂而自豪！我把古琴藝術傳播到這麼遠的地方，我沒有辜負我的兩位老師（查阜西、吳景略）對我的大恩！"

1986 年 5 月，古琴家成公亮應聯邦德—中友好協會所邀，在聯邦德國舉

行了 13 場古琴獨奏音樂會，彈奏了《平沙落雁》《酒狂》《漁樵問答》《醉漁唱晚》《憶故人》《歸去來辭》《長門怨》《瀟湘水雲》《龍朔操》等古曲。這次的公演，讓德國聽眾享受了一段觸動人心的音樂時光，也讓這些"西方旁觀者"對中國的這一古老樂器有了更深一層的瞭解。

德國聽眾說："在中國的帶指板的齊特爾琴上，用典型的東方五聲音階展現了一種在音響上是陌生的，而在音樂內涵上又非常親切的世界。"

"沒有任何樂器能在體現中國偉大的傳統文化氣息能力上與古琴相

成公亮，圖摘自其著作《秋籟居琴話》照片頁

比。”“成公亮的演奏特別擅長於內在的表現。古琴音樂的標題和小標題往往是一些富於聯想的大自然圖景或情感形象，他用相當寧靜的單音旋律將差別極大、變化多樣的音樂形象體現出來。”

對於古琴音樂，有一點是肯定的：它誘發人們的想像力。那些親身經歷過中國高山深谷的風光，體驗過中國精神哲理並把這些充實到自己心靈中去的人是幸運的，他們更容易理解古琴音樂的意境。

說到“古琴走向世界”這個話題，有一件事不得不提。古琴音樂不僅僅走出了國門，而且被帶到了太空，作為人類音樂精品之一，成了送給宇宙中其他文明的禮物。1977 年 8 月 20 日，從美國甘迺迪航太中心出發的“航行者”號太空船，帶了一張可以迴圈播放即使經億萬年也不停的鍍金唱片，其中包括 27 首地球音樂的精品，被作為地球人類向太空可能存在的生物致意的憑證。這其中就有由中國琴家管平湖演奏的古琴曲《流水》。

據說，美國哥倫比亞大學的華裔教授周文中向專家會推薦的《流水》，成為專家會最先選錄的樂曲。專家會還給出了這樣的評語：“這是一首中國樂曲。這首樂曲在中國商周時代就有了，有‘高山流水覓知音’之說。這是一首用古琴彈奏的樂曲，描寫的是人的意識與宇宙的交融……”由於唱片容量只有 90 分鐘，為了展現出地球上的各種音樂文化，每首樂曲的時長都要受到嚴格的限制，幾乎所有的入選曲目都有刪減。而 7 分 37 秒的《流水》卻被完整錄入，成為唱片中最長的樂曲。

2003 年 11 月 7 日，聯合國教科文組織在巴黎總部向全世界宣佈，以“中國古琴藝術”為首的 28 個項目為“人類口頭和非物質文化遺產代表作”。

2008 年 8 月 8 日晚，第 29 屆奧林匹克運動會開幕式在北京國家體育場隆重舉行。在這場舉世矚目的盛會上，廣陵琴人陳雷激先生以一曲《太古遺音》，把古琴藝術展現給了全世界。

“古琴”作為中國的國粹，被世界上更多人所認識，越來越多的人因愛好古琴而習琴，也有越來越多的學者潛心研究琴學理論，並努力讓古琴音樂更大眾化。我們欣喜地看見，沉寂多時的古琴文化，在慢慢地復甦。

第二編　發展演變

古琴之“古”，主要體現為它的歷史極為久遠。從“伏羲造琴”到後來的傳承與演變，古琴已經走過了上千年的歷史。古琴的發展催生了與琴相關的文化，這種文化隨著時間的推演，又與其他文化相互融合、衍生，遂形成了體系龐大的古琴文化。本編從歷史的維度，清晰地展示了古琴的發展源流和演變過程。

一、先秦時期

關於古琴的創制有很多種說法，伏羲、神農、黃帝、唐堯、虞舜等，雖無定論，但也可見其歷史十分久遠，而早期那些沒有證論的歷史，還是靠著神秘的傳說在一代又一代地流傳著，一直到今天。

先秦時期，各階級的鬥爭既複雜又激烈，而思想文化領域卻出現了百家爭鳴的局面，諸子百家對宇宙萬物都有獨特的主張，學術思想空前活躍。

我國第一部詩歌總集《詩經》中，有許多關於古琴的記載，例如《詩經·鹿鳴》中有句："我有嘉賓，鼓瑟鼓琴。鼓瑟鼓琴，和樂且湛。"可見當時的古琴可用於招待嘉賓等正式場合，宮廷裡有專職彈琴的樂工，鼓琴奏樂以供宮廷貴族享樂。又如《詩經·甫田》載："琴瑟擊鼓，以禦田祖，以祈甘雨。"古琴亦與瑟、鼓等其他樂器一起，用於祭祀等典禮儀式中。《詩經·定之方中》載："椅桐梓漆，爰伐琴瑟。"說明了在那個時候，人們已經學會了斫琴的工藝，用梓木和桐木來制琴，並一直沿用至今。

周代時禮樂並行天下，禮儀三百，威儀三千，高低貴賤都由"禮"和"樂"相輔而成，體現出當時社會的等級制度，其實只不過是為了鞏固統治階級的社會地位罷了。樂教傳統逐漸系統化，古琴是其中一個重要的工具。古琴樂服務於貴族，也被用於社會政治，而不是後來的修身養性之器。《詩經》中表現的琴的作用（宮廷內招待貴賓、祭祀神靈）正說明了這點。《左傳·昭西元年》也有"君子之近琴瑟，以儀節也，非以慆心也"，也表現了當時古琴為禮樂制度所做的貢獻。

雖然古琴的出現比石磬、陶塤晚，但被當時的統治階級賦予了一個神聖的使命。撫琴者需遵循音樂的尊禮功能，制約內心情感心志的抒發，也限制了內心欲念的發展，如此便能死心塌地地拜倒在統治階級的腳下，而不會有其他的想法。

那時候，許多琴師的名字多被冠以“師”字，比較著名的有鐘儀、師曹、師襄、師文、師曠、師涓等人。鐘儀是楚國人，被晉國俘虜後，不忘故土，依然穿著楚國的衣飾，彈奏楚國風格的琴曲，赤誠之心感動了晉侯，被赦免而回國。師曹則是衛獻公的琴師，受命教衛獻公的寵妾彈琴。因為師曹授琴嚴厲，寵妾彈得不好，他便鞭打懲戒。衛獻公一怒之下，命人毒打師曹三百鞭，這件事被記載在《史記衛康叔世家》中。師襄是衛國的樂官，曾教授孔子琴藝，從得其曲，到得其意，再得其人，最後得其類，循序漸進。

師文是鄭國的樂師，師從師襄，三年學琴不成，被人誤以為笨拙，他卻說，他在意的並不是琴弦，志向也不在彈出好聽的曲子，因為“內不得於心，外不應於器，故不敢發手而動弦”。成語“得心應手”便由此而來。

直到今天，關於師曠彈琴的許多傳說還一直在流傳，幾乎每個琴人都知道“師曠之聰”。他生而無目，卻精於彈琴，而且辨音能力非常強。與師曠同時期的還有琴師師涓，師涓記憶力非凡，聽曲過耳不忘，且善於創作新曲，以新聲代替古聲。

到了春秋戰國之交，隨著周代典章制度的衰敗，原有秩序被打亂，社會發生了意義深刻的大變革，禮樂制度也遭到破壞，呈現出“禮崩樂壞”的局面。禮樂制度的神聖和權威如面紗般被掀起，琴樂由此走出了宮廷，擺脫了統治階級的控制。彈琴者不再僅限於宮廷裡的樂師。由此，民間出現了一批精於鼓琴的琴人，而一些堅決支持周禮的保守派樂師卻棄琴另謀出路了。王侯們也都開始喜歡悅耳的新樂，而厭倦了作為禮樂的古樂。《史記》中載，魏文侯聽到新聲，便會情不自禁地手舞足蹈起來。

山東女郎山戰國墓出土的撫琴俑

此時，古琴藝術的發展有了前所未有的繁榮。《戰國策齊策》記載，那時，齊國的都城就已經出現了“其民無不吹竽、鼓瑟、擊筑、彈琴”的景象。

那時著名的琴人有孔子、鄒忌、伯牙、雍門周等。孔子是我國古代的大思想家、教育家、政治家，是儒家思想的創始人，師從師襄學琴，後來興私學，把樂教列為六藝之列，推進了琴樂的發展。鄒忌用治國與五音之間的關係勸諫齊威王：“琴調而天下治，夫治國家而弭人民者，無若於五音者。”而後受齊王重用而拜相。伯牙跟成連學琴，後移情領悟，創《水仙操》，又有“高山流水會知音”之佳話。伯牙彈“巍巍乎志在高山，洋洋乎志在流水”，子期皆能聽懂，後來子期逝世，伯牙斷弦祭知音，從此再不撫琴。而雍門周為齊國孟嘗君鼓琴前，先有說辭以營造音樂氛圍，讓孟嘗君先投入主觀的感受，鼓琴時可使其泫然。

先秦時期有關於古琴的文獻被載於《詩經》《尚書》《左傳》《莊子》《韓非子》《呂氏春秋》等典籍中。《詩經》各句可見琴之功能。《左傳》則記載了關於鐘儀、師曹等的故事，說明了琴曲的創作已具有地方特色，而且在宮廷裡已經出現了關於琴的教授。其中《左傳·昭西元年》有言：“於是有煩手淫聲，慆堙心耳，乃忘平和，君子弗聽也。物亦如之，至於煩，乃舍也已，無以生疾。君子之近琴瑟，以儀節也。非以慆心也。”表明了琴樂是君子節制自己的工具，以道制欲，方不會出現“淫聲”。這種觀點便是初期琴樂的禮樂思想。《左傳·昭公二十年》也有言：“若以水濟水，誰能食之？若琴瑟之專一，誰能聽之？同之不可也如是。”意為需吸取不同的意見，才能完善自己的思想體系，而尋得正確的哲學方向，此以琴瑟為例而演變成更加深刻的命題。

《莊子·讓王》載有：“鼓琴足以自娛，所學夫子之道者足以自樂也。”強調了琴在文人士子中自娛的功能。《莊子·大宗師》記載了一則寓言。子桑鼓琴悲歌“父邪，母邪？天乎，人乎？”子桑在友人葬禮上鼓琴相和而歌以反抗世俗禮儀。弦歌反映悲樂，體現出道家對自然的認識。

《韓非子》記錄下師曠鼓琴顯神跡等故事。《呂氏春秋·本味》則記載了伯牙與子期難得知音的故事……

“搏拊琴瑟以詠”，先秦時期的琴曲多與歌辭相配，又有“詩言志，歌詠言，聲依詠，律和聲。八音克諧，無相奪倫，神人以和”的關係。那些美麗的詩句，配合著節奏音律來唱詠，可以言志。《詩經》三百多篇，多以入樂。《史記·孔子世家》就說：“三百五篇，孔子皆弦歌之。”

此時的代表琴歌有《雉朝飛》等，此曲傳為齊國牧犢子所創。其人年老卻還沒有娶妻，見到雉鳥雙飛，觸景生情，羨慕之餘又徒生悲戚，於是取《詩經》中的"雉之朝雊，尚求其雌"為題，以此詩為歌辭，創作了這首弦歌。撫琴唱道"雉朝飛兮鳴相和，雌雄群兮於山阿。我獨傷兮未有室，時將暮兮可奈何？"在《詩經》裡，雉之朝飛是愛情的象徵。這首古曲受到許多人的稱讚，明代徐青山《溪山琴況》稱此曲"其音又系最精最妙者，是為奇音"。清代也有琴人贊說"極乎曲之聖，而音之神也。"清代琴譜《誠一堂琴譜》後記中說："奇音妙趣《雉朝飛》為最。"

這個時期代表曲還有《陽春》《白雪》，傳為師曠所作的兩曲。在明譜《神奇秘譜》的解題中說道："《陽春》取萬物知春，和風淡蕩之意；《白雪》取凜然清潔，雪竹琳琅之音。"因兩曲表現的是初春大地恢復生機之象，所以旋律清新明快。其典故出自《楚辭》中《宋玉答楚王問》："客有歌於郢中者，其始曰《下裡》《巴人》，國中屬而和者數千人。其為《陽春》《白雪》，國中屬而和者不過數十人。"說的是，如果唱《下裡》《巴人》這樣通俗易懂的作品，相和跟唱的有數千人，但是唱《陽春》《白雪》這樣高深典雅的作品，能聽懂相和的不過數十人。曲高和寡，後人便以"陽春白雪"泛指高深的曲子。

後來琴樂也從弦歌的形式向獨奏發展，歌辭的隱退可以讓音樂發揮到最好的狀態。古琴藝術的表現力也隨之越來越強了。

二、兩漢時期

劉邦建立西漢，定都長安。直到西元 9 年，王莽奪政，建立新朝。西元 25 年，劉秀在洛陽稱帝，建立東漢。西元 220 年，曹丕以魏代漢。漢朝四百多年的統治宣告結束，這就是歷史上的兩漢時期。

社會的動盪影響著儒家音樂的代表——古雅樂的發展，且民間俗樂——“鄭聲”也對其產生強烈的衝擊，兩種音樂理論的風潮席捲著兩漢時期整個“樂”世界。許多人還是堅守著古雅樂，駁斥鄭衛之聲，稱其為淫邪的音樂。例如，西漢思想家陸賈在《新語》中就說道：“調之以管弦絲竹之音，設鐘鼓歌舞之樂，以節奢侈，正風俗，通文雅。後世淫邪，增之以鄭、衛之音，民棄本趨末，技巧橫出。”但是，不僅是士大夫，就連帝王將相，也都不滿足於古雅樂所帶來的享受效果，新增之聲還是漸漸地在每一個階層的人心中傳播開來。這種新起的音樂更多地產生於民間，更容易被人們所接受。新樂的支持者也具有一定的影響力，代表者有琴家桓譚等人。此時，孰為主流，已不可知。

琴樂的內容也由此發生了變化，對社會的影響也越來越廣泛了。這種變化體現到琴樂的表現形式上，表現為由節奏型音樂向旋律型音樂過渡，奏琴的技法也漸而豐富複雜。東漢蔡邕在《琴賦》中對當時的彈琴技法有著這樣細緻的描寫：“爾乃閑關九弦，出入律呂，曲伸低昂，十指如雨，清聲發兮五音舉，韻宮商兮動徵羽，曲引興兮繁弦撫，然後哀聲既發，秘弄乃開，左手抑揚，右手徘徊，指掌反覆，抑案藏摧。”《淮南子》中也有：“搏琴撫弦，參彈複徽，攫援摽拂，手若蔑蒙，不失一弦。”

這時候，文人士子成為琴人的主流，湧現出一大批有理想、有知識並精通琴藝的文人，也創作出許多經典曲目流傳至今，並首次出現專門的琴論，為後世的琴學研究提供了豐富的資料。東漢的琴家桓譚在《新論·琴道》中說："八音之中，唯弦為最，而琴之為首。""八音"原指八種用以製造樂器的材料，有金（例如鐘）、石（例如磬）、絲（例如琴、瑟）、竹（例如簫、尺八）、匏（例如笙、竽）、土（例如塤、缶）、革（例如鼓）、木（例如柷），後泛指音樂。可見古琴在慢慢走向中國傳統音樂史中最為重要的位置，而不僅是宮廷宴樂或祭祀儀式所用的工具。

先秦文獻《左傳·昭西元年》載道："君子之近琴瑟，以儀節也，非以慆心也。"兩漢時延續並深化了這種思想，司馬遷在《史記》中就提出了："卿大夫聽琴瑟之音未嘗離於前，所以養行義而防淫佚也。"又例如班固《白虎通德論·禮樂》中的一句："琴者，禁也。所以禁止淫邪，正人心也。"他強調的是古琴的教化作用，古琴已超越了樂器的一般意義而成為士人修身養性、抒情言志之器，音樂反倒是末節，根本的是禮。所以由琴的創制、琴的法象、琴的功能等內容，形成了"琴道"，皆是從兩漢時期開始。

正因為琴有正教、正行、治國、平天下的社會功能和文化屬性，所以更受文人士子的推崇。這不僅反映在琴曲創作和琴論專著中體現出古代文人意識形態的各種哲理，而且君子之近琴，是須臾不離身的。《禮記·曲禮》就說道："士無故不徹琴瑟。"在兩漢時期，隨著古琴與士子的關係日趨緊密，當時的士大夫們，若沒有特殊的原因，不會撤下琴瑟。琴人鼓琴時並不僅僅為了享受音樂，更多的會把生活中情感體驗融進五音中。

"琴者，禁也。"這是彈琴人的琴道哲學，也是處世準則。平心靜氣、不驕不躁，得意淡然，失意坦然，保持著高潔的人生姿態。所以古琴曲有的會以"操""暢""吟"等為名，正如桓譚《新論》所說："夫遭遇異時，窮則獨善其身而不失其操，故謂之'操'；達則兼濟天下無不通暢，故謂之'暢'。"

兩漢時期的琴人對推動古琴藝術的發展起到了最重要的作用，其中不乏帝王君侯和王室妃嬪。漢武帝劉徹就愛好琴樂，擴大了樂府的編制，並四處搜集民歌為創作琴曲所用；在樂府設"琴工員"，又在各地選拔精通琴藝的琴人進宮，封為"琴待詔"。琴人師中就是這個時候從東海下邳被選進宮中任琴待詔的。

漢宣帝劉詢欲興協律之事，丞相魏相上奏道："知音善鼓雅琴者渤海趙定、

東漢撫琴男俑，四川彭山砦子山出土，現藏於南京博物院

梁國龍德。”魏相向宣帝推薦的優秀琴人趙定是渤海人。據《後漢書》載，趙定奏琴能使聽者感動涕泣。龍德是梁國人，據《漢書·藝文志》所載：“師氏七篇，趙氏十篇，龍氏九十九篇。”可見龍德的著述作品比師中、趙定要多，可惜今多已不存。漢宣帝聽取丞相推薦，當即下詔封趙定、龍德為琴待詔。

漢元帝劉奭柔仁好儒、純任德教，也是個多才多藝的皇帝，不僅善於篆書，且會辨音協律，彈琴鼓瑟。《漢書·元帝紀第九》載，元帝“善史書、鼓琴瑟、吹洞簫、自度曲、被歌聲，分刌節度，窮極幼眇”。漢元帝的皇后、漢成帝劉驁生母王政君，也是鼓琴的好手。王政君生於官宦之家，是陽平侯王禁次女，後有算卦人說其有富貴之命，於是父親王禁便讓她勤學琴瑟，為將來擁有顯貴之位而努力。所以王政君自小就練琴，精通琴藝，終為後宮之首。

趙飛燕是漢成帝劉驁的皇后，雖出身卑微，卻因其出色的歌舞與琴技受成帝恩寵。《西京雜記》中記載著，趙飛燕所彈的琴名為“鳳凰”，她曾用此琴創作出琴曲《歸風送遠操》，配有歌辭：“秋風起兮天隕霜，懷君子兮渺難忘，感予意兮多慨慷！天隕霜兮狂飆揚，欲仙去兮飛雲鄉，威予以兮留玉掌。”

除了王室貴族，琴人還是多集中在文人階層，兩漢時期不乏我們所熟知的名字，例如司馬相如。司馬相如，字長卿，西漢武帝時期的文學家、政治家，擅彈琴。古琴曲《鳳求凰》敘述的就是相如“琴挑”卓文君以成美好姻緣的愛情故事。司馬相如還有一張傳世名琴，取名為“綠綺”，是梁王所贈，琴內有銘文：“桐梓合精。”“綠綺”琴與齊桓公的“號鐘”、楚莊王的“繞梁”、蔡邕的“焦尾”並譽為中國古代四大名琴。

司馬相如還是西漢時的大辭賦家，被後人稱為“賦聖”。他所寫的賦文中也有出現關於琴的內容，例如《美人賦》裡寫道：“遂設旨酒，進鳴琴。臣遂撫弦，為《幽蘭》《白雪》之曲。女乃歌曰：'獨處室兮廓無依，思佳人兮情傷悲，有美人兮來何遲，日既暮兮華色衰，敢托身兮長自私。'" 賦中提及《幽蘭》《白雪》兩首琴曲，並附有歌辭，當時的琴曲形式還是以弦歌為主。

漢武帝的陳皇后失寵後被冷落在長門宮裡，遂以百金重托司馬相如作賦以感動武帝重得聖恩，於是司馬相如寫有《長門賦》。至於後來陳皇后是否重新得寵，各有爭議。後人以此為題材，創作了琴曲《長門怨》。《長門賦》中細緻描述了古琴的指法、節奏變化，以及琴曲的情緒表現："授雅琴以變調兮，奏愁思之不可長；案流徵以卻轉兮，聲幼妙而複揚。貫曆覽其中操兮，意慷慨而自卬。"

西漢文學家、目錄學家劉向對琴學也頗有研究。劉向，原名更生，漢成帝時改名為向，受命校書二十多年，學識淵博。劉向的《琴說》簡明扼要地寫出了琴之用途及特點，至今仍為琴人所引用。原文如下："凡鼓琴，有七例：一曰明道德，二曰感鬼神，三曰美風俗，四曰妙心察，五曰制聲調，六曰流文雅，七曰善傳授。"

隨著新樂的興起，古雅樂受到了很大的衝擊，那些新樂的支持者自然會受到先王雅樂衛士們的排斥，琴家桓譚便是其中一人。桓譚，字君山，善音律，喜鼓琴。其父是漢成帝時的太樂令，桓譚也在朝廷為官，常被邀作筵席助興。他把其治國、彈琴等思想領悟集寫於著作《新論》中，言"當時行事"二十九篇，受到很高的讚譽，被道為："論世間事，辨昭然否，虛妄之言，偽飾之辭，莫不證定。"

桓譚支持民間興起的新聲琴樂，還把那些改編於民間曲調的琴曲帶到宮中彈奏，他自己也是公開承認喜彈新樂，在《新論》中道："餘頗離雅操而更為新弄。" 東漢的開國皇帝光武帝劉秀聽過桓譚所彈新曲，大為讚賞。"帝每宴，輒令鼓琴，好其繁聲。" 每逢宴會，光武帝便讓桓譚出來彈琴。如此一來，更讓宮中支持雅樂的大臣們感到不滿，認為此為低級趣味的"亡國之音"，是桓譚奏以迷惑君主的。

一天，大司空宋弘穿上朝服，把桓譚喚來家中，嚴加訓斥。後來光武帝再請桓譚彈琴，桓譚不自然，失了常態。宋弘趁機上諫光武帝，勸其不要被桓譚的"亡國之音"所誘惑，桓譚由此被罷官。這也可見當時新起的民間新調，還是會受到嚴厲的打擊。

桓譚所著《新論》中的《琴道篇》，是目前最早的一篇琴學專著，也是漢代古琴研究的重要文獻之一。其中內容涉及廣泛，包括琴的起源、形制、意義等，也正式提出了“琴德”的概念。《琴道》中還介紹了七首在當時較為出名的琴曲，有《堯暢》《舜操》《禹操》《文王操》《微子操》《箕子操》和《伯夷操》。桓譚還分別介紹了這幾首曲子的不同特點，例如《堯暢》“經逸不存”；《舜操》因著虞舜聖德玄遠，所以琴聲“清以微”；《禹操》因禹治水有功，所以琴聲“清以溢”“潺潺志在深河”；《微子操》表現微子為殷紂即將滅亡而悲傷，看到鴻鵠在天空上高飛而感慨，所作琴曲琴聲“清以淳”；《文王操》則說的是紂王無道，文王“躬被法度，陰行仁義”，所作琴曲“其聲紛以擾，駭角震商”；而《伯夷操》《箕子操》，琴聲“淳以激”。

東漢時期著名文學家、書法家蔡邕，也是這個時期的琴人。蔡邕，字伯喈，陳留圉（今河南省開封市圉鎮）人。為官時因得罪官宦權貴而亡命江海，在吳會之地隱跡了十餘年。期間傳出許多關於蔡邕與古琴的故事。例如，蔡邕聞燒木聲辨得制琴良材，而做出傳世名琴“焦尾”；有人見螳螂捕蟬而奏出殺音，蔡邕一聽便知，等等。這些小故事都可見蔡邕琴藝造詣之深。

蔡邕曾入青溪拜訪鬼谷先生，花了三年的時間創作了著名的琴曲《蔡氏五弄》，包括《遊春》《淥水》《幽居》《坐愁》《秋思》，一曲制一弄。據《琴書》載，《遊春》因“山之東曲，常有仙人游”而得；《淥水》因“南曲有澗，冬夏常淥”而得；《幽居》指的是鬼谷先生所居之所“深邃岑寂”；《坐愁》是因“北曲高岩，猿鳥所集，感物愁坐”而得；《秋思》則因“西曲灌水吟秋”所作。後來《蔡氏五弄》和《嵇氏四弄》（魏時琴人嵇康所作，有《長清》《短清》《長側》《短側》）被合稱為“九弄”。隋朝時會彈“九弄”是入仕的條件之一，可見後世對這幾首琴曲評價甚高。只是我們今天見到的明代琴譜所載的《蔡氏五弄》與昔日蔡邕所作是否為同一譜本已不可知。

蔡邕像

蔡邕“覃思典籍，韞櫝六經”，一生著作頗豐，有《蔡中郎文集》等，並著有《琴

四川資陽東漢墓出土的撫琴陶俑

賦》等文。說到這裡，有一部琴學文獻不得不提，這便是蔡邕所作的《琴操》一書，其具有極大的文學價值及藝術成就。這本書寫作年限與作者尚有爭議，但一般都歸為蔡邕，論證過程展開來說又是一個命題，此處略。

蔡邕的主要思想，屬於儒家體系。他在《琴操》的《序》中闡述道："大弦者，君也，寬和而溫；小弦者，臣也，清廉而不亂。文王武王加二弦，合君臣恩也。宮為君，商為臣，角為民，徵為事，羽為物。"此處把弦音與君臣之位聯繫起來，強調了君臣之禮，正是儒家的思想。而《序》裡又說："禦邪僻，防心淫，以修身理性，反其天真也。"琴樂要返璞歸真，是借用了道家的理念。蔡邕兼修儒道的思想在《琴操》中明顯反映了出來。

《琴操》是我國現存最早、最完整的一部琴曲解題專著，其中保存了大量的兩漢時期的琴曲歌辭，也記錄了很多生動的民間故事，共有五十多首琴曲和四十多則故事，包括詩歌五首（《鹿鳴》《伐檀》《騶虞》《鵲巢》《白駒》）、十二操（《將歸操》《龜山操》《履霜操》等）、九引（《列女引》《伯姬引》《貞女引》等），還有河間雜歌二十多首。後人要想研究古琴的歌辭等資料，《琴操》必是首選的參考文獻。

蔡邕的女兒蔡琰，也就是歷史上著名的蔡文姬，不僅博學能文、兼善詩賦，而且還擅長鼓琴與辨音。據說蔡文姬極具音樂天賦，自小就能聽音辨弦。在她 6 歲那一年，其父蔡邕在隔壁房間彈琴，突然把第一弦彈斷了，隔著牆壁的蔡文姬立即能說出斷的是哪一根弦。父親感到十分驚訝，於是又故意把第四根弦弄斷，問文姬斷的是哪一根，文姬也能指出來，可見她自小的琴藝造詣已經很高。她在 23 歲那一年，被匈奴左賢王擄走。十二年後回到漢地，因思念留在匈奴的一雙兒女，她創作了哀怨惆悵的琴歌《胡笳十八拍》，其中有辭：

“哀樂各隨人心兮有變則通。胡與漢兮異域殊風，天與地隔兮子西母東。苦我怨氣兮浩于長空，六合雖廣兮受之應不容。”又寫有《悲憤詩》兩章，其樂可憐，其心可憫。

兩漢時期的琴人除上述這些之外，還有很多。例如“善鼓琴”的經學大師馬融，曾寫《琴賦》，以師曠鼓琴招致神物下凡為例來表現“琴德之深”。又如“好鼓琴”的劉安，是漢高祖的孫子，創作了琴歌《八公操》。

兩漢時期是古琴藝術文化發展的重要時期，人們逐漸把琴道思想融入生活之中，並留下了許多琴樂作品和琴學理論專著。琴樂漸漸有反映內心真實情感的內容，而不僅僅為政治服務，這就是本書前文所說的“專業琴”向“文人琴”演變的時期。

三、魏晉南北朝

184 年，黃巾起義爆發，東漢政權搖搖欲墜。220 年，曹丕受禪登基，東漢滅亡，取而代之的是曹氏的天下——魏國。不久後,劉備建蜀漢，孫權建東吳，形成三國鼎立之勢。不過曹魏受漢室正式禪讓，一般認為是當時的正統。後來司馬氏掌控了曹魏的實權，司馬昭滅蜀漢，司馬炎廢魏元帝，建立西晉。280 年再亡東吳，結束了三國割據。只是好景不長，316 年，西晉滅亡後，北方進入十六國時期（前涼、後涼、南涼、西涼、北涼、前趙、後趙、前秦、後秦、西秦、前燕、後燕、南燕、北燕、胡夏、成漢）。317 年，琅邪王司馬睿於南方建立東晉，與北方十六國共存。

420 年劉裕篡東晉建立南朝宋，這是南北朝時期南朝的第一個朝代。南朝先後有宋、齊、梁、陳四個政權更迭，北方則包括了北魏、東魏、西魏、北齊、北周五朝。這個時期是中國歷史上的一次大分裂，朝代不斷更替，南北長期對峙，史稱南北朝時期。

魏晉南北朝時期，琴的形制、琴樂的技法、琴曲的創作和琴學理論都得到突破，既繼承了“琴者，禁也”的琴道哲學，又有著自身的發展特點，這個時期為古琴藝術發展的轉折期。

此一時期，琴的形制趨於穩定，從考古文獻和古畫像石磚等資料顯示，即使到了兩漢時期，琴的長度也還沒有固定下來，到了魏晉的前期，琴的長度才接近唐時的琴長，也就更接近我們今天所見的琴了。且魏晉前並沒有琴徽的概念，各種文獻資料也都沒有提及過，而今考古出土的古琴實物，例如湖北隨州出土的戰國初曾侯乙墓的十弦琴、湖北荊門郭店一號墓所藏的七弦琴、湖南長沙馬王堆西漢的七弦琴也都沒有出現琴徽。直到南京西善橋南朝墓葬中

《竹林七賢與榮啟期圖》磚印模畫，琴上黑圓點就是琴徽

出土的磚印模畫《竹林七賢與榮啟期圖》中嵇康所撫之琴，已明顯出現有黑色的圓點，這就是琴徽。在嵇康的《琴賦》中："錯以犀象，籍以翠綠。弦以園客之絲，徽以鐘山之玉。"賦句中也出現了"徽"，還表明當時的琴徽是用鐘山的玉石製成的，今人所用琴的琴徽材料多半也是用玉石或者螺鈿。

有人說，魏晉南北朝時期是一個"中國政治上最混亂、社會上最苦痛的時代"，卻又是"精神史上極自由、極解放、最富於智慧、最濃於熱情的一個時代"。這是一個特殊的年代，戰亂頻繁，時局動盪，人們的心中正忍受著種種煎熬，他們急切地嚮往自由，向往精神的超越，且又要尋找出口宣洩對統治者的控訴，反而促成了思想文化的異常活躍，也引起了琴學音樂領域的新突破。魏晉的清流士人們在古琴這種雅器中找到安頓心靈、抒情言志的管道，而不受統治者的禁錮，他們甚至在其中找到精神的寄託和存在的意義。古澹清雅的琴音把他們帶進了一種恬靜虛渺的境界，讓他們暫時忘卻俗世中的煩憂，得到心靈上的釋放和回歸。所以，古琴成了士人們生命的一部分，而不僅僅為娛樂而用。

這個時期的琴人已基本都是文人士子，少有專職的琴師。當時的司馬氏篡奪曹魏的政權，"憑尊恃勢，不友不師，宰割天下，以奉其私"，其殘暴為人所不齒，傳統文人的風骨更在這種黑暗之世表現無遺。很多人對司馬氏採取不合作，甚至公然反抗的態度。例如，司馬氏提出"以名為教"來對人們進行教化，以維護其封建統治，甚至利用"名教"來排除異己，扼殺人性，而"竹林七賢"的嵇康、阮籍等人則提出"越名教而任自然"的精神宗旨來對抗。他們崇尚老莊尊重自然的思想和清靜無為、超脫瀟灑、氣靜神虛的境界，遠離世俗，放浪形骸，聚在一起喝酒彈琴，談玄論道。魏晉時期文人的這種精神追求很明顯地表現在了琴樂上。

這個時候的代表琴人是嵇康。嵇康，字叔夜，魏晉時期著名的音樂家、文學家、思想家，精通音律，善彈琴。他為人耿直，勵志勤學，曾官至中散大夫，所以人稱“嵇中散”。嵇康常與阮籍、向秀、山濤、劉伶、王戎、阮鹹七人聚在山陽竹林中，縱歌、暢飲、彈琴、和詩，史稱“竹林七賢”。

其實嵇康初時也曾有過政治抱負，也曾想過要建功立業，要有一番作為。他在《與山巨源絕交書》中寫道：“榮進之心日頹，任逸之情轉篤。”說明他也有“榮進之心”，想報效社稷，卻因現實的殘酷而日漸消磨大志，唯長“任逸之情”。嵇康的這篇《與山巨源絕交書》也正體現了他後來反感入世的態度。山巨源，即山濤，是嵇康的朋友，在任官的同時還引薦嵇康。嵇康不僅拒絕了山濤的好意，而且對山濤的入世感到憤怒，甚至聲明要與之絕交。可見嵇康憤世嫉俗、狷介孤傲的性格。

琴、詩、酒是嵇康等文人琴士藉以排遣心中愁結之物，正如嵇康所道：“濁酒一杯，彈琴一曲，志願畢矣。”“琴詩自樂，遠遊可珍。含道獨往，棄智遺身。”嵇康自小就喜歡琴樂，少時便習琴，長時間的練習並不覺得枯燥無味，更不會生厭，他曾說：“餘少好音聲，長而習之，以為物有盛衰，而此無變，滋味有厭，而此不倦。”嵇康的琴藝造詣甚高，他還重視琴曲創作及其審美規律的探索，並作了《琴賦》《聲無哀樂論》等琴學論著來表達自己的琴樂美學思想和人生經歷感悟，也通過琴樂這種形式體現出不願受教條禮法束縛的超然性情和對司馬氏黑暗統治的憤恨。

嵇康在其專著中強調琴樂的藝術獨立性，並認為樂之本身貴在“平和”，因為指下弦音正是鼓琴者內心真實情感的反映，是對人心深刻細微的刻畫，所以琴音是會隨著鼓琴者的喜怒悲憤而變化的，或表現慷慨之情，或表現怨恨，也可“感蕩心志，而發洩幽情”……同時，琴音也能影響琴人的情緒：“聲音之體，盡於舒疾，情之應聲，亦止於躁靜。”所以嵇康在《琴賦》序中強調：“眾器之中,琴德最優。”

嵇康根據自己長期的彈琴實踐，創作有《嵇氏四弄》等名曲，“四弄”包括《長清》《短清》《長側》《短側》四首，與蔡邕創作的《蔡氏五弄》合稱“九弄”。

嵇康任情狂縱、性烈如鋼、崇尚自然，公然反抗司馬氏的統治，當然會為其所不容，最後被處死，終年才 40 歲。據說，他臨刑前淡定無畏，索琴彈了最後一曲《廣陵散》，在琴弦上躍動的音符裡，表現出了他至死不屈的抗爭精神和對黑暗世俗的輕蔑。

要說到魏晉南北朝時期的琴人，不得不提以阮籍為代表的陳留阮氏。這個家族名士輩出，提倡玄虛高遠，反抗“名教”，並且在文學和音樂等各方面都有成就，是魏晉琴史上不可忽略的一筆。

阮籍與嵇康同是“竹林七賢”裡最為著名的人物，崇尚老莊玄學，縱情任性，但他對司馬氏的反抗態度比嵇康含蓄些。他從心底鄙視那些殘暴的當權者，對他們“見禮俗之士以白眼對之”。司馬昭宴請諸人，大家都屏氣嚴敬，只有阮籍不屑於此。“唯阮籍在坐，箕踞嘯歌，酣放自若。”他既不願迎合，又不敢張揚，“欲濟世而無路，求放任而不成”。為了躲避司馬氏殘酷的迫害，也為表現對社會現實的絕望，阮籍等人採取的是謙退沖虛、恬淡虛靜的處世態度，寄情於琴與酒中，隱遁於山林之間。

阮籍把自己八十多首五言詩《詠懷》編連在一起，在詩中多次用鼓琴來表達自己的愁悶心情和處世態度，如“夜中不能寐，起坐彈鳴琴”“平生少年時，輕薄好弦歌”“青雲蔽前庭，素琴淒我心”“豈與蓬戶士，彈琴誦言誓”……這些詩裡，或隱晦寓意，或直抒心跡，展現出魏晉時期文人的心理狀態。據傳，古琴曲《酒狂》就是阮籍創作的，以醉酒為主題，似乎在描寫琴人們醉酒後的神態，其實是為了表現托酒佯狂的態度，以示對司馬氏的消極反抗，發洩心中不平。

阮籍把他對音樂的觀點寫在了其專著《樂論》一書中，把老莊自然無為的思想彈進樂聲裡。“夫樂者，天地之體，萬物之性也。”“合其體，得其性，則和。”“昔者聖人之作樂也，將以順天地之體，成萬物之性也。”阮籍以自然之道為基礎來論述琴樂，卻又要求音樂需進退有節。他和嵇康一樣，都認為琴樂該以“和”為主，這又是儒家音樂的特點。在阮籍的《樂論》中可清楚地看到儒道二者的融合，也就是“自然”和“名教”的調和。《中國美學史》對此評道：“阮籍的美學思想也是建立在‘自然’這一基礎之上的，並且也和儒道兩方相通。從肯定儒家的仁愛和維護上下尊卑的關係來說，它通向儒，但同時又把仁愛和上下尊卑的關係的實現放到了道家所說的‘自然’的基礎之上，從而越出了儒家美學的藩籬。這可以阮籍的《樂論》為代表。”

陳留阮氏中阮瑀是阮籍的父親，“建安七子”之一，可以說其首開了阮氏文學藝術之風。他曾受學於蔡邕，琴學素養頗高，為其家族在音樂和文學方面的興起打好了基礎。《三國志》中記載了一個關於阮瑀的故事。據說曹魏之時，曹操欣賞阮瑀的琴藝，下令召他覲見。阮瑀不願奉承，拒不前往。曹操三番兩次連連逼令，他竟躲進了山中。曹操大怒，令人燒山，捉住了阮瑀。有一次，曹操擺下了筵席，讓眾樂工奏樂助興（當時樂工的地位是很低的）。曹操讓阮瑀跟這些樂工坐在一起彈琴，以此來羞辱他，結果阮瑀撫弦而歌，高超的演奏技能把在座的樂工都比下去了。曹操非但沒有羞辱到他，反而讓他有了一次大放異彩的機會，可見阮瑀琴藝之高。

阮咸是阮瑀的孫子，阮籍哥哥的兒子，也是"竹林七賢"之一，他沒有他的叔叔阮籍有名，但是音樂造詣卻超過了阮籍。阮鹹善彈琵琶，其演奏技藝冠於當時。他所彈的琵琶與今天我們見到的不一樣，為了區別，人們便將這種樂器以他為名，稱為"阮鹹"，簡稱為"阮"。他還著有《律議》，創作出琴曲《三峽流泉》。

阮咸有兩個兒子，一個名瞻，一個名孚。《琴史》中說阮瞻"性清虛寡欲，自得於懷"，"善彈琴，人聞其能，多往求聽。不問貴賤長幼，皆為彈之"。阮瞻既有當時文人清高寡欲的性情，又平易近人，不孤芳自賞，願為所有來聽琴的人彈奏，甚至"終日達夜"，從早到晚地彈，可見琴德之優，琴藝之高。有人說，阮瞻可以做到"不問貴賤長幼，皆為彈之"。實際上，他是進入了旁若無人的琴境，他只是遵循自己的內心而奏樂，而不在乎身邊聽琴者是誰。

東晉顧愷之《斫琴圖》局部

正因為魏晉南北朝時期時局不穩、政治黑暗，文人士子們紛紛為此感到沉痛失望，多追求避世超俗，隱遁山林。所以這個時期的隱逸之風正強，也體現在琴樂的思想裡。

西晉時琴人左思見天下之勢混濁，不願沉溺其中，欲退不仕，創作有古琴曲《招隱》，取材於他的兩首同名詩作，其中有雲：“杖策招隱士，荒塗橫古今。岩穴無結構，丘中有鳴琴。白雪停陰岡，丹葩曜陽林。石泉漱瓊瑤，纖鱗或浮沉。非必絲與竹，山水有清音。何事待嘯歌，灌木自悲吟。秋菊兼餱糧，幽蘭間重襟。躊躇足力頃，聊欲投吾簪。”詩與曲都表達了左思不事政治，只寄情於山水絲弦之間的態度，也反映出魏晉南北朝之時大部分士人避世隱逸的思想。

說起那時候歸隱山水田園的文人代表，當數東晉末年的文學家陶淵明。他有大量關於歸隱的詩文，為古琴曲的創作提供了素材。陶淵明自己也說：“豈無他好，樂是幽居。朝為灌園，夕偃蓬廬。”這是他的人生選擇，也是當時多數文人的人生選擇。在這種“雲耕月釣”的日子裡，他們的精神得到無限的自由和放鬆，於是這種生活狀態成了一種社會風尚，對後世也產生深遠的影響。

陶淵明追求淳樸的人生，嚮往淡泊致遠的生活，在所作辭賦《歸去來兮辭》中，他表達了自己對歸隱田園的嚮往：“歸去來兮，田園將蕪胡不歸？既自以心為形役，奚惆悵而獨悲？悟已往之不諫，知來者之可追。實迷途其未遠，覺今是而昨非。”至今流傳的古琴曲《歸去來辭》便是以此為題材而作。另有琴曲《桃源春曉》也是根據他的《桃花源記》中的意境譜就：“複行數十步，豁然開朗。土地平曠，屋舍儼然，有良田美池桑竹之屬。阡陌交通，雞犬相聞。其中往來種作，男女衣著，悉如外人。黃髮垂髫，並怡然自樂。”

《晉書》中記載了一個關於陶淵明與古琴的故事。陶淵明自小善文，因其才華和真性情，“穎脫不羈，任真自得”，被鄉里所看重。每逢有親朋好友來探望，陶淵明必喝得大醉。讓大家所不解的是，他的案上備有一張沒有琴弦和琴徽的古琴，酒醉時坐在琴邊作撫琴狀，問他這是為何，他便答曰：“但識琴中趣，何勞弦上聲。”

其實陶淵明並非不懂音律而故作姿態，而是表現出他漸近自然的音樂觀點，是他的音樂審美本質所在。大音希聲，音樂的真意並不在於聲音本身，若品得自然之音，便可領會弦外的真趣。這也是陶淵明崇尚自然、悠然灑脫的本性所致，所以說他的歸隱思想除了是社會現實使然，還與他自身率真的個性有關。

魏晉南北朝時期較為著名的琴人還有曹魏時期的杜夔。他聰明過人，擅長音律，對於絲竹之音，無所不能。據《魏志》記載，杜夔致力於發掘整理那些因長期戰亂而散佚的古樂。"紹複現代古樂，皆自夔始也。"他所傳的古雅樂有《鹿鳴》《騶虞》《伐檀》和《文王》等。《琴史》中說杜夔還擅長於彈奏《廣陵散》。

西晉時琴家劉琨，《琴史》載："琨少而俊偉，洞曉音律。"他善文學，通音律，在傳統的古琴曲中加入了北方遊牧民族的胡笳之音，以抒發愛國思鄉之情。劉琨創作有《胡笳五弄》，包括《登隴》《望秦》《竹吟風》《哀松露》《悲漢月》五首琴曲。

另還有"於郡北山為土窟居之，夏則編草為裳，冬則被發自覆"的晉代隱士孫登；誓不入仕的畫家戴逵及其兩個兒子戴勃、戴顒亦是以琴名世；再有東晉時的名相謝安，書聖王羲之，"妙善琴書"的宗炳，"雅善音律，尤篤好於琴"的南齊琴家柳惲和現存最古老的文字譜《碣石調·幽蘭》的傳譜者丘明，等等。

《中國古代音樂史簡述》談及這時期的琴人時說道："具備博古通今的知識，流暢犀利的文筆，又善於從理論高度去探索和研究音樂藝術的作用和規律。"正因為文人琴的這些特點，所以他們"不以音樂為業，但恰恰又是這些文人音樂家，打破了音樂囿於某種技藝的局限，把深邃的思想、豐富的想像、創新的技巧注入音樂思想、音樂創作和音樂演奏之中"。

四、隋唐時期

南北朝時期，各國之間相互攻伐，興衰更替是為常事。581 年，隋文帝楊堅廢北周靜帝，建立隋朝。幾年後，隋文帝又揮兵南下，滅陳而初步統一了天下。直到 618 年，李淵攻破長安，短暫的隋朝宣告滅亡。

隋朝的音樂因受到北方少數民族音樂的影響，所以宮廷裡的樂歌也都有胡音的特色。隋宮裡對音樂十分重視，承舊制，設太常寺來主掌禮樂，並設清商署來管理南北朝時宋、齊的舊樂。由於南北地區與西域的音樂交流逐漸繁榮，人們漸漸知道音階裡並不僅有五音，而是有七個音。當時有一位比較有名的樂師萬寶常撰寫了六十四卷《樂譜》，提出了八十四個音階調式，也就是在一個音律裡有七個音階，十二律便得八十四音。這對古琴藝術理論的發展起到了一定的積極作用。在隋煬帝的時候，對音樂的管理分部仔細，設置了清樂、西涼、龜茲、天竺、康國、疏勒、安國、高麗、禮畢等九部樂。

在民間，古琴音樂的活躍性並沒有因為政局的動亂更替而減弱。當時的琴人有李疑、賀若弼、王通、王績等人，但記錄在冊的不多。逸士李疑，也就是我們所說到的“連珠先生”，因他在自己常用的琴的腰部飾以連珠彩弦而得名，這便是而今古琴樣式中的“連珠式”。李疑還曾創作琴曲《草蟲子》《規山樂》，又有三十六首小調。據載，他還擅長彈奏劉琨《胡笳五弄》裡的《竹吟風》和《哀松露》兩曲。

關於賀若弼，蘇東坡曾在詩中把他與陶淵明並提：“琴裡若能知賀若，詩中定合愛陶潛。”琴家賀若弼曾創制宮聲十小調：《石博金》（宋太宗把此曲名改為《楚澤涵秋》）、《不換玉》（宋太宗改名為《塞門積雪》）、《泛峽吟》《楚溪吟》《越江吟》《孤憤吟》《清夜吟》《葉下聞蟬》《三清》《賀若》（《賀若》之曲原曲名已經失傳，這個曲名是後人補寫的）。明代琴譜《西麓堂琴統》錄有其中的《清夜吟》，流傳至今。而今天初學琴人常彈的《良宵引》，據清譜《天聞閣琴譜》載，也是賀若弼所創作的，題解為："當其天高氣爽，月朗星輝，可以彈琴味道，飲酒賦詩，此曲節短韻長，指法簡易，可為初入門之曲。"

隋朝末期，勞役不息，天下大亂。一時間群雄並起，地主豪強受朝廷壓迫，造反之心日益而盛，紛紛借機起事。618 年，北朝關隴貴族李淵乘勢起兵攻占了長安，建立唐朝。

唐朝歷時 289 年，是我國古代時間最長、國力最強的朝代之一。特別是唐太宗的"貞觀之治"到唐玄宗的"開元盛世"，一百多年間，社會穩定，經濟強盛，民生富裕，文化繁榮。這是一個流光溢彩的時代，詩歌和音樂在這裡得到完美的結合和演繹。

唐代的音樂取得的高度是前無古人的。首先是統治者對音樂的重視和引領，音樂之風滲透到人們的生活裡，仿佛是不可缺的必需品。貴族文人的大席小宴上，必有歌舞相伴；三五知音自彈自娛，也少不了樂器。唐玄宗在宮廷裡設有梨園，補充完善了宮中音樂管理的機構，並為音樂的發展提供雄厚的人力資源。唐代音樂名家輩出，《新唐書·禮樂志》中說："唐之盛時，凡樂人、音聲人、太常雜戶子弟，隸太常及鼓吹署，皆番上，總號音聲人，至數萬人。"其次，唐代的民間俗樂也發展了起來，"小曲"一時興盛，詩樂並行，佛教的"變文"也確立了說唱藝術的形式，既繼承了漢魏兩晉以來的音樂傳統，又融合了南北各地及外域各國的音樂特色，唐代的音樂文化表現出前所未有的繁華。我們能看見，唐代無論是宮廷燕樂還是民間音樂，都達到了歷史上最為輝煌的時期。

那麼，在這個氣度恢宏、相容並包的大唐盛世，古琴藝術又將呈現如何的氣象呢？

我們在唐詩中看到這樣的句子："客來鳴素琴，惆悵對遺音。一曲起於古，幾人聽到今。"（潘緯《琴》）"泠泠七弦上，靜聽松風寒。古調雖自愛，今人多不彈。"（劉長卿《彈琴》）為什麼華夏禮樂文明的先聲，象徵著中華傳統人文精神的古琴，在這個繁榮積極的社會環境裡，反倒受到這般冷落的待遇？白居易的詩《廢琴》解釋了這個現象："絲桐合為琴，中有太古聲。古聲淡無味，不稱今人情。玉徽光彩滅，朱弦塵土生。廢棄來已久，遺音尚泠泠。不辭為君彈 縱彈人不聽。何物使之然？羌笛與秦箏。”趙博的《琴歌》裡也有句：“琴聲若似琵琶聲，賣與時人應已久。玉徽冷落無光彩，堪恨鐘期不相待。”

正因為唐朝文化藝術的包容性強，音樂的世界異彩紛呈，胡旋燕舞、秦箏羌笛，在各種音樂形式的強烈衝擊下，古琴古樸淡雅的聲音，如何能比那些新奇又帶有強烈聽覺刺激的音樂，所以終致曲高和寡的寂寞之地。“世人無正心，蟲網匣中琴。何以經時廢，非為娛耳音。”（司馬箚《匣中琴》）古琴之聲不為討好別人而存在，不是“娛耳音”，才會遭遇“經時廢”。而且人皆有好今不好古的審美習慣，那麼從上古流傳至當時的古琴不被欣賞也在情理之中。誠如白居易在詩《五弦彈》中所說：“人情重今多賤古，古琴有弦人不撫。”

代表著大雅之聲的古琴真的就這麼湮沒在大唐的盛世裡了嗎？

其實不然，眾文人對古琴音樂被冷落的歎息，恰好說明了他們對琴樂的重視。詩人們在遺憾“蟲網匣中琴”之時，就表現了他們“莫將流水引，空向俗人彈”的清高。唐代的文人雅士對音樂的審美物件，依然是以正聲雅樂為主。古琴的樂教作用在儒家傳統的音樂觀中至為重要，“興雅樂，放鄭聲”，這種崇雅黜俗的思想一直沒有改變，所以以統治者為核心的上層社會，也不可能一味追求音樂形式的多樣化，而忽略古琴。唐玄宗李隆基的一首《賜崔日知往潞州》中有兩句就說出了琴樂對移風易俗的重要作用：“禮樂朝中貴，神明列郡欽。揚風非贈扇，易俗是張琴。”

古琴早在創制之初便被賦予了崇高神聖的意義，在人們心中從來都是雅正的典範。賢者以琴音治世，用這種大雅之樂來表達政治理想和抒發情懷。正是“爾生不得所，我願裁為琴。安置君王側，調和元首音。”（元稹《桐花》）於是，正因為琴聲不及新樂那般的繁促悅耳，所以更符合文人名士的傳統情懷，有著深厚的人文積澱。古琴音樂作為對抗俗樂的媒介，在文人的心裡，非但沒有被削弱，反而有加強之勢。“眾耳喜鄭衛，琴亦不改聲。”（白居易《鄧魴張徹落第》）人們不就愛琴的這種品性嗎？

在《全唐詩》和《全唐詩補編》所收錄的近 5 萬首唐詩裡，與琴有關的詩便超過 1600 首，其中有描述琴部件、琴材和斫琴技術的，有描述古琴指法的，有關於一些著名琴曲及其歌辭的，還有刻畫鼓琴者身份和思想狀態的，等等。

千餘首琴詩，彙集在一起，便是一部豐富的唐代琴史。如此大量的詩歌描述，可見古琴並沒有像詩人們所說的“古調雖自愛，今人多不彈”，卻是更加深入到人們的心裡了。

也正因為強盛的國力為古琴藝術的發展提供了豐厚的物質基礎，人們在安居樂業之餘有足夠的時間和精力去研究學習，所以無論是演奏技法、音樂理論、記譜法，還是斫琴的技術、琴學的審美觀等各方面，都較以往有了極大的突破。古琴藝術在這樣肥沃的土壤中，形成蓬勃之勢。

首先是湧現出一批斫琴的名家。明張應文所撰《清秘藏》載：“斫琴名手，漢蔡邕，後隋則趙取利，唐則雷霄、雷盛、雷威、雷珏、雷文、雷迅、郭亮、沈鐐、張鉞、金儒、僧三慧。”中唐人李肇《唐國史補》曰：“李汧公（李勉），雅好琴，常斫桐，又取漆桶為之，多至數百張，求者與之。有絕代者，一名響泉，一名韻磬，自寶於家。京師又以樊氏、路氏琴為第一，路氏琴有房太尉‘石枕’，損處惜之不理。”據上所述，唐代比較著名的斫琴名家或斫琴家族有雷氏家族、樊氏家族、路氏家族、郭亮、沈鐐、張鉞、金儒、僧三慧，等等。除了這些之外，應該還存在有許多的斫琴好手。若不是琴的需求量大，也不會有這麼多斫琴人的出現。縱是兩漢或魏晉琴風正盛時，也少見有如此眾多的斫琴人。可想而知，當時的古琴並沒有逐漸走向式微，倒是更多人願意接觸這種樂器了。

在這些斫琴名手之中，最為著名的當推四川雷氏家族。“貞元中，成都雷生所制之琴，精妙無比，彈之者眾。”（《琴雅》）雷氏家族斫的琴，琴音精妙，歷代琴人以收得一張雷琴而為幸。蘇軾在其《雜書琴事》中對雷琴這樣稱讚道：“琴聲出於兩池間，其背微隆，若薤葉然，聲欲出而溢，徘徊不去，乃有餘韻，此最不傳之妙。”

“唐琴第一推雷公，蜀中九雷獨稱雄。”而在雷琴中，雷威所斫的琴名氣更大，他在選擇琴材和製作工藝上都會用盡心思，絲毫不馬虎。他認為：“選材良，用意深，五百年，有正音。”另外，他還不拘於前人經驗，有自己獨特的創新。都道桐木是最好的斫琴用材，雷威在風雪交加的日子入峨眉山，選得良材松木，制得“松雪”琴，其音“妙過於桐”。

流傳至今的唐代名琴，大部分皆出雷氏家族之手。例如，故宮博物院所藏的伏羲式“九霄環佩”琴、靈機式“大聖遺音”琴、“玉玲瓏”琴和“飛泉”

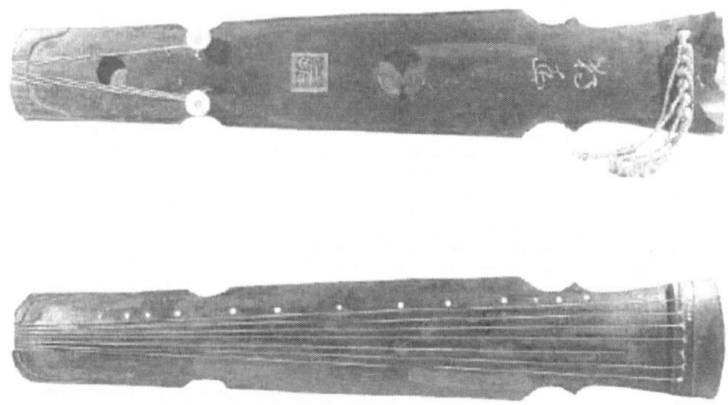

唐雷琴“獨幽”，現藏於湖南省博物館

琴，宋時稱“天下第一”的伏羲式“春雷”琴，藏於中國藝術研究院的連珠式“枯木龍吟”琴，還有現藏於湖南省博物館的“獨幽”琴，等等，皆為雷琴。

在唐代，古琴藝術最大的突破，莫過於減字譜的出現。在琴譜出現之前，琴樂的傳承唯有靠師父的口傳心授。後來為了記錄方便，琴人開始用文字寫下琴曲的各種指法和技法，這就是文字譜。在文字譜裡，一個指法的描述往往需要一句甚至幾句話，“其文極繁，動越兩行，未成一句”。我國現存唯一的文字譜是唐人手抄本《碣石調·幽蘭》，這也是全世界最古老的樂譜，可見其煩瑣不便。隨著琴學的發展和普及，琴曲越來越豐富，琴技越來越複雜，文字譜明顯已經不能夠滿足琴人的要求。

在琴人對樂譜漸漸改良的基礎上，唐代琴家曹柔由此創造了減字譜，把每個關鍵字的一部分抽取出來，再進行合併組合，成為一個“字元”，再結合為減字譜。在這個小小的字元裡，可表示出左右手的指法、所彈的弦序和徽位元，甚至可以簡單記錄對樂曲的處理。雖然減字譜還是無法標識節奏、音高等樂曲的基本要素，但相比於文字譜，已經是一大飛躍。“減字法，自簡而義盡，文約而音賅。曹氏之功於是大矣。”減字譜的出現，使大量古譜得以保存，其功至高，而這種記譜方法，一直沿用至今天。

也是由於減字譜的出現，古琴的指法有了明確的名稱和分類。明代蔣克謙所輯《琴書大全》中有《唐陳拙指法》篇，近代著名琴家姚丙炎先生遺著《唐代陳拙論古琴指法》對此篇進行整理編排，並加以標點句讀和注釋，稱原文“所論指法，自成體系，切合實用。通過它，似乎依稀捉摸出唐人鼓琴的手法和神態”。可見在唐代古琴的指法已經十分豐富和完善。

在唐代，不少的文人都會彈琴，並著有關於琴的詩作，對琴曲的創作和琴學的研究有著或多或少的貢獻。我們熟知的“詩仙”李白，他所寫的琴詩多達五十餘首。他無論是在遊歷山水間，還是孤身獨酌時，身不離琴。“獨抱綠綺琴，夜行青山間。”（《游泰山六首》）“我宿黃山碧溪月，聽之卻罷松間琴。”（《夜泊黃山聞殷十四吳吟》）“手舞石上月，膝橫花間琴。過此一壺外，悠悠非我心。”（《獨酌》）“拂彼白石，彈吾素琴。幽澗愀兮流泉深，善手明徽高張清。”（《幽澗泉》）“袖拂白雲開素琴，彈為三峽流泉音。”（《答杜秀才五松見贈》）……在李白的筆間，琴與自然是這般的和諧，琴音在巍巍高山和潺潺流水之間回蕩，穿越時光，直到今天還迴響不絕。李白還借古琴以抒懷（“鐘期久已沒，世上無知音。”）、言志（“大音自成曲，但奏無弦琴。”）、悼友（“留我孔子琴，琴存人已歿。誰傳廣陵散，但哭邙山骨。”）……這位至情至性的詩仙，一生與酒，與琴，皆不可分。

“詩佛”王維，善琴善畫，有“獨坐幽篁裡，彈琴複長嘯”（《竹裡館》）之名句。蘇軾曾評其曰：“味摩詰之詩，詩中有畫；觀摩詰之畫，畫中有詩。”其詩《送元二使安西》“渭城朝雨浥輕塵，客舍青青柳色新。勸君更盡一杯酒，西出陽關無故人”被改編為琴歌《陽關三疊》。以原詩為主題重複三遍，故曰“三疊”，《陽關三疊》又名《陽關曲》《渭城曲》。送別友人時，把酒三唱陽關，其依依之情可見。

唐宋八大家之一的柳宗元，不僅是傑出的哲學家和文學家，同時還是有名的琴家。柳宗元曾寫有《漁翁》一詩：“漁翁夜傍西岩宿，曉汲清湘燃楚竹。煙銷日出不見人，欸乃一聲山水綠。回看天際下中流，岩上無心雲相逐。”以淡逸清和的筆墨勾畫出人與自然相契合的場景。漁翁閑於山水之間，悠逸恬靜，自由安適，這是詩人所渴求的生活，也是營役於浮華塵世眾士人所追尋的心境。後有著名古琴曲《欸乃》，便是根據此詩取意而創，也有人說這首曲子就是柳宗元所作。此曲曲風清新雋永，存譜初見於明譜《西麓堂琴統》，後經管平湖先生打譜而成。《西麓堂琴統》所錄《欸乃》共有十六段，每一段都有表達段意的小標題，分別為：一、煙波渺渺；二、長嘯悠悠；三、我歌君和；四、空驚雁陣；五、吳江鼓吹；六、響徹龍湫；七、滄浪濯纓；八、數聲柔櫓；九、漱石流泉；十、一片鳴榔；十一、舉網得魚；十二、酌酒高歌；十三、歡聲如雷；十四、別浦收編；十五、一夜狂風；十六、蘆花深處。僅從這些小標題，便能看到一派動靜結合、意趣深遠的景象，身處其中，心懷暢然無礙，寄情物外，頤養至靜。《西麓堂琴統》對此曲的題解為：“古昔韜名抱道之士，多托足跡漁樵以自適，此曲真有雲冷山空，江寒月白之興。汲清湘，燃楚竹於西岩者，

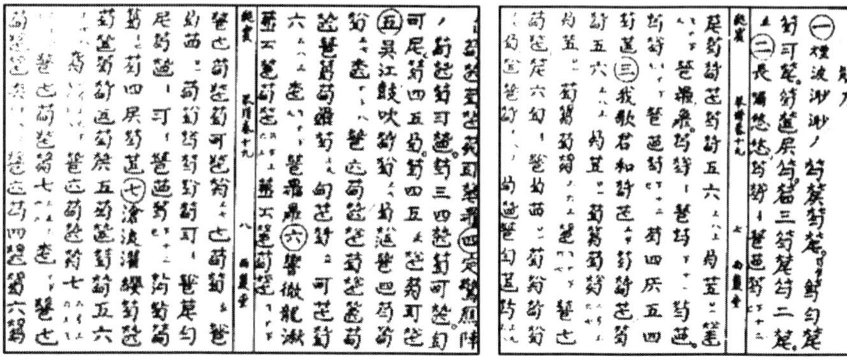

《西麓堂琴統》錄琴譜《欸乃》節選

不足道也。”另有古琴樣式中的“霹靂式”，又稱“柳子厚霹靂式”，傳為柳宗元所創。

要講到琴詩，就不得不提詩人白居易。白居易一生過著詩酒琴樂的生活，積累了深厚的藝術修養，寫下大量關於音樂的千古絕唱，如《琵琶行》《霓裳羽衣歌》等，還著有《議禮樂》等音樂論文，僅是關於古琴的詩作便有一百餘首。我們不僅能從白居易這些琴詩中讀到他的人生態度，更能從中讀到唐代文人的處世哲學。

白居易在詩中直言對古琴的喜愛：“本性好絲桐，塵機聞即空。一聲來耳裡，萬事離心中。”（《好聽琴》）與琴的結緣能讓他放下塵世的煩惱，琴淡泊樸雅之聲，也正是包括他在內所有文人的心聲。一直至今，“無故不徹琴瑟”依然是文人的原則。所以白居易說：“身兼妻子都三口，鶴與琴書共一船”（《自喜》），“三友甚相熟，無日不相隨”（《北窗三友》，三友：琴、酒、詩）。他甚至把彈琴與誦經作為早晚必修的功課。“晨起對爐香，道經尋兩卷。晚坐拂琴塵，秋思彈一遍。”（《冬日早起閑詠》）“小亭中何有？素琴對黃卷。蕊珠諷數篇，秋思彈一遍。從容朝課畢，方與客相見。”（《朝課》）

《秋思》是白居易琴詩中出現最多的琴曲，樂音清遠，直抵心底，每當信手彈起，都能讓人安心抒懷。他是這樣描述此曲的：“信意閑彈秋思時，調清聲直韻疏遲。近來漸喜無人聽，琴格高低心自知。”（《彈秋思》）那是一種文人名士孤傲清高的心情，琴音淡然，不需為他人所聽，唯自己所知便足矣。

明月松間，皆有他撫琴的身影。白居易把古琴“天人合一”的意境寫進了詩裡。“鳥棲魚不動，月照夜江深。身外都無事，舟中只有琴。七弦為益友，兩耳是知音。心靜即聲淡，其間無古今。”（《船夜援琴》）“月出鳥棲盡，寂然坐空林。是時心境閑，可以彈素琴。清泠由木性，恬澹隨人心。心積和平氣，木應正始音。”（《清夜琴興》）我們彷彿看到清月、寒江、空林，還有琴和人，組成了一幅和諧靜謐的畫面，人與自然融合在一起，一切寧和而無紛擾。

白居易像

這樣的生活，讓白居易心適而忘憂，他只安心於琴、酒、詩之間，放下了名與利等身外之物，得到心靈的釋放。他用最自然的語言去描述琴聲中對自由的嚮往，享受著那古雅淡遠的韻味，自有一番魏晉風骨。“自古有琴酒，得此味者稀。只應康與籍，及我三心知。”（《對琴酒》）他說，只有魏晉時的嵇康與阮籍，才懂他清靜無為、氣淡神虛的追求。

當然，白居易也會歎息：“不辭為君彈，縱彈人不聽。何物使之然？羌笛與秦箏。”（《廢琴》）那不過是因為他對琴的癡愛罷了。

明代胡震亨《唐音癸簽》中寫道：“一代精此藝者，自趙耶利、董庭蘭、賀若弼、鄭宥以及揚子儒、王敬遨之輩不可指數。”其中提及的趙耶利，是隋唐時的琴師，慕道自隱，能琴無雙，故被尊稱為“趙師”，琴學造詣上可與司馬相如和蔡邕等琴學大師比肩。趙耶利的成就不僅在他的琴藝，還在他的琴論著作上。他曾修訂整編琴曲五十首，其中包括《蔡氏五弄》《胡笳五弄》等，存於唐人手錄文字譜《碣石調·幽蘭》後所列的曲目中。他還總結出當時吳地和蜀地兩琴派的演奏風格特點：“吳聲清婉，若長江廣流，綿延徐逝，有國士之風。蜀聲躁急，若激浪奔雷，亦一時之俊。”另主張彈奏時用“肉甲相和”，以“取音溫潤”。趙耶利一生琴著頗豐，《新唐書》中列有其所撰《琴敘譜》九卷、《彈琴手勢圖譜》一卷，《宋史》中載有其《彈琴右手法》一卷。

董庭蘭，開元天寶年間的著名琴師，正是文人清高不群之代表。據說他“不事王侯，散發林壑者六十載”。早年師從鳳州參軍陳懷古，學得“沈家聲”“祝家聲”，並把《胡笳》整理為琴譜。今存的《大胡笳》《小胡笳》相傳就是他的作品。詩人李頎曾寫有這樣的詩句以慕之：“董夫子，通神明，深山竊聽來妖精。言遲更速皆應手，將往復旋如有情。空山百鳥散還合，萬里浮雲陰且晴。”（《聽董大彈胡笳聲兼寄語弄房給事》）李頎通過對董庭蘭彈《胡笳》時指法的生動描述，表現了他琴藝之高。

董庭蘭另創作出琴曲《頤真》，以言“寡欲養心，靜息養真”的境界。此曲錄於明譜《神奇秘譜》，題解為：“臞仙曰，按《琴史》曰，頤真者，唐董庭蘭之所作也。頤，養也。道書謂寡欲以養心，靜息以養真。守一處和，默契至道。矧琴為娛性之樂，故制是曲者，以頤真名之。”

而我們對董庭蘭所耳熟能詳的，除了他所創琴曲外，就是那句“莫愁前路無知己，天下誰人不識君”。（高適《別董大》）好一句“天下誰人不識君。”正說明了董庭蘭的琴藝之精湛已然聞名於天下，為所有人所熟知。

薛易簡，天寶年間著名琴家，以琴待詔翰林。據說他 12 歲便能彈黃鐘雜調三十曲。後來周遊四方，廣泛學習各種曲目，苦心追求，竟能彈數百首曲，且從中精選妙曲來多加練習，“善者存之，否者旋亦廢也”。薛易簡著有《琴訣》，因其非專攻於文辭者，“辭雖近俚，義有可采”。《琴訣》論及琴學的各個方面，為後世古琴藝術的研究提供了可貴的資料。其中將古琴的藝術境界概括為“七善”，分別為：可以觀風教，可以攝心魂，可以辨喜怒，可以靜神慮，可以壯膽勇，可以絕塵俗，可以格鬼神。此外，還提出了古琴演奏的“七病”，對彈琴姿態提出了嚴格的要求，後演變出許多彈琴的規範。在《琴訣》中，薛易簡還提出了指法要領及音色要求，強調鼓琴時要“定神絕慮，情意專注”等，這些理論很多都為後世琴家所推崇，為古琴文化的發展做出了顯著的貢獻。

除此之外，還有把東晉桓伊的笛曲《梅花三弄》移為同名古琴曲的顏師古，琴曲《古交行》《杏壇》創作者王通，琴曲《靜觀吟》創作者和《琴徽字議》著者李勉，琴曲《醉漁唱晚》創作者陸魯望和皮日休，《琴書正聲》輯者陳康士，琴著《大唐正聲新徵琴譜》（《唐志》）、《琴籍》（《宋志》）、《琴法數勾剔譜》（《太音大全》）著者陳拙，琴曲《擣衣》創作者潘廷堅，僧人皎然、潁師、貫休，道士司馬承禎……大唐的古琴音樂在眾多君王貴族、琴師、文人名士、琴僧、道士的手中，若繁星當空，更顯璀璨之狀。

五、兩宋時期

巍巍大唐在“安史之亂”後日益衰敗，各種社會矛盾尖銳，中央集權削弱，藩鎮強大，節度使獨攬一方軍政財權，不受中央政令管轄，再加上宦官專權和農民戰爭，唐王朝已奄奄一息。黃巢起義後，“郡將自擅，常賦殆絕；藩鎮廢置，不自朝廷”，河南宣武節度使朱溫於 907 年逼迫唐哀帝禪位，自立為帝，國號梁。歷時 289 年的大唐宣告滅亡，五代十國時期開始。

五代指的是唐朝滅亡後在中原一帶相繼出現的五個朝代：後樑、後唐、後晉、後漢和後周，共曆 50 多年。而在唐末、五代及宋初，在中原地區之外，先後存在過十個割據政權：前蜀、後蜀、吳、南唐、吳越、閩、楚、南漢、南平、北漢，史稱“十國”。這是一個大割據、大混亂時期，統治者激烈角逐，兵燹不斷，社會經濟、文化受到頗大影響。

這種情況一直延續到 960 年，後周的趙匡胤發動“陳橋兵變”，建立宋朝，為區別於後來的南宋，這段時期史稱“北宋”，趙匡胤為宋太祖。這是一個重文抑武的時代，宋太祖為了避免唐代末年那種藩鎮割據和宦官亂政的現象，通過“杯酒釋兵權”等威逼利誘的方式，剝奪武將們的兵權，委以虛職，“稍奪其權，制其錢谷，收其精兵”，改文官帶軍。這樣的措施政策，使宋朝雖無唐代的強盛國力，卻是中國歷史上文化藝術最為繁榮的時代，思想勃興，人才輩出。著名史學家陳寅恪說：“華夏民族之文化，歷數千載之演進，造極於趙宋之世。”

北宋末年，金兵大舉南侵，俘虜了宋徽宗和宋欽宗，這就是“靖康之恥”，北宋滅亡。1127 年，康王趙構在應天府繼承大宋皇位，是為宋高宗，後來建都臨安，史稱南宋。因為“東南久安，財力富盛”，且北方的政治和文化中心南遷，大多數文人都集中在南方，可謂群英薈萃。加上內憂外患的政治形式，民族和階級矛盾激烈，廣大文人士大夫的憂患意識和愛國情操通過詩詞歌賦抒發出來。所以，南宋雖軍事實力孱弱，但文化和藝術相較於前朝卻是有過之而無不及。

在宋代，文人士大夫階層在社會政治中的地位提升、儒學的復興、統治者對古琴音樂的重視和提倡，還有家仇國恨的憤懣之情、家國命運的憂患意識等因素給儒家傳統雅樂的代表——古琴藝術的發展注入了勃勃生機。這首先表現在斫琴技術的迅速發展上，有名的斫琴家和傳世名琴有很多。上自包括君王的統治階級，下至文人和僧道等方外之人，形成了一股喜琴之風，所以宋代琴藝高超的琴家大有人在，也湧現了一批著名的琴曲。琴學理論也得到重大發展，留下豐厚的文獻資料。宋代琴人的這些琴曲創作和琴論對後世的古琴藝術發展有著直接的影響。另外，由於師承和傳譜風格等因素的不同，開始出現了不同的古琴流派。古琴發展到宋代進入了鼎盛的時期。

唐代對音樂藝術的兼併包容，秦箏羌笛等其他更為悅耳的音樂盛行，而古琴音樂似乎被人所冷落，致文人興歎“今人多不彈”之狀。相比於唐代，古琴在宋代宮廷裡的地位更高。太常寺主管雅樂的機構大樂署成了宮廷音樂的核心機構，其中專彈古琴的樂工有很多。另在翰林院設琴待詔，作為帝王朝廷日常應召。這些琴待詔都是琴藝高超的琴師，被譽為“鼓琴天下第一”的朱文濟便是其中之一。

宋代的君主愛琴，好琴。“上之所好，下必從之”，朝野上下彈琴之風更盛。宋代皇帝中以宋太宗和宋徽宗最為突出。

宋太宗為宋太祖趙匡胤胞弟，尚文好詩，善彈琴，依然是以文德致治，推行“右文政策”。宋太宗對古琴音樂極為推崇，這也是當時琴風興盛的原因之一。據《宋史·音樂志》記載：“太宗嘗謂舜作五弦之琴以歌南風，後王因之。複加文武二弦。”昔日舜創制五弦琴，後來文王、武王各增一弦，為七弦琴。太宗也想效法前王，“乃增作九弦琴、五弦阮，別造新譜三十七卷”。他創了九弦琴後，馬上展示給眾臣。“中外獻賦頌者數十人”，當即有數十人為九弦琴的創制作文獻賦以讚頌之。

宋太宗道：“雅樂與鄭衛不同，鄭聲謠，非中和之道。朕常思雅正之音，可以治心，原古聖之旨，尚存遺美。琴七弦，朕今增之為九，其名曰君、臣、文、武、禮、樂、正、民、心。則九奏克諧而不亂矣。”並讓琴待詔朱文濟等人彈奏演示。可是“性沖淡、不好榮利，唯以絲桐自娛而風骨清秀，若神仙中人”的朱文濟，不畏君王威嚴，堅決反對將古琴增加兩弦，這讓宋太宗十分掃興。當然，宋太宗正在興頭之上，不會因為別人的意見而改變初衷，他還為這九弦琴和五弦阮配創了曲子《鶴唳天弄》《鳳來儀弄》和《八仙操》，又改編了宮調四十三曲、商調十三曲、角調二十三曲、徵調十四曲、羽調二十六曲、側蜀調四曲、黃鐘調十九曲、無射商調七曲、瑟調七曲，等等。

不考慮宋太宗賦予九弦的意義，僅從樂器本身的功能來說，增加兩弦的古琴不僅不能讓音域拓寬，而且琴面加寬，動作幅度必要加大，倒成了累贅。朱文濟說“五弦尚有遺音，而益以二弦，斯足矣”，是正確的。而事實也證明了，這種做法不符合音樂的客觀規律，並不能得到推廣，到了北宋的晚期就已經“竟廢不行”了。

雖然如此，但這也可見宋太宗對古琴的熱愛及其創新。據北宋釋文瑩《湘山野錄》載，宋太宗酷愛隋代琴家賀若弼所作的宮詞中十首小調，還嫌十調中《石博金》和《不換玉》二曲的名字不夠雅，改名為《楚澤涵秋》和《塞門積雪》，並讓近臣十人各探一調撰寫一辭。當時翰林學士蘇易簡探得的是曲子《越江吟》，寫詞曰：“神仙神仙瑤池宴，片片，碧桃零落春風晚。翠雲開處，隱隱金輦挽，玉麟背冷清風遠。”

北宋時另一個以好琴著稱的皇帝就是宋徽宗趙佶，北宋的第八位皇帝。他在政治軍事上並無大作為，甚至“疏斥正士，狎近奸諛”，昏庸無能，卻藝事超群，在文化藝術方面都有較高的造詣，特別是在書法和繪畫方面。他獨創的瘦金體書法獨步天下，至今還無超越者。因為帝王所好，當時文風正盛，文人雅士常集聚在一起品茗彈琴。宋徽宗作有一傳世名畫《文會圖》便是其生動的

宋徽宗《文會圖》局部

寫照，此圖現藏於臺北“故宮博物院”。

畫中庭院臨池，垂柳修竹，十數文人或端坐持盞，或拱手寒暄。垂柳前方有石桌，桌上擺有古琴和幾頁琴譜，琴邊香爐細煙嫋嫋，應該是有人剛剛撫琴完畢。這正是當時文人雅集的場景，其中必不離琴。畫的右上方是宋徽宗的親筆題詩：

宋徽宗《聽琴圖》（局部）

“儒林華國古今同，吟詠飛毫醒醉中。多士作新知入彀，畫圖猶喜見文雄。”畫的左上方另有大臣蔡京的題詩：“明時不與有唐同，八表人歸大道中。可笑當年十八士，經綸誰是出群雄。”

宋徽宗另有一畫《聽琴圖》，現藏於故宮博物院，是其喜琴的明證。畫中撫琴者與歷代帝王像中宋徽宗容貌相像，可以確定這位身著道服、束髮免冠的彈琴者就是徽宗本人，這也說明當時宋徽宗對道教的崇尚。畫的右上方是宋徽宗親書的瘦金體“聽琴圖”三個字。畫上還有蔡京題詩：“吟徵調商灶下桐，松間疑有入松風。仰窺低審含情客，似聽無弦一弄中。”

宋徽宗還廣搜天下名琴，在宣和殿內建“百琴堂”以存之，其中第一品便是唐代斫琴能手雷威所斫的“春雷”，流傳至今，實為無價之寶。《琴苑》中載：“宣和殿百琴堂有琴名黃鵠秋，又有琴名混沌材，上寶之寥玉。”宋末周密《雲煙過眼錄》有雲：“琴則雷為第一，向為宣和殿百琴堂稱最，既歸大金，遂為章宗禦府第一琴。章宗挾之以殉葬，凡十八年複出人間，略無毫髮動，今又為諸琴之冠，蓋天地間尤物也。”這裡說了當時在“百琴堂”大部分名琴後來的去向，金滅北宋後，全歸金人所得。“春雷”琴成為金帝金章宗至愛，章宗後來以此琴陪葬，埋於地下十八年，後複出於世竟沒有任何損傷，為“諸琴之冠”。

宋廷中喜好推崇古琴的帝王還有曾制盾形琴以示不忘武備的南宋開國之君宋高宗趙構等人。

兩宋時期，上自貴族，下至僧客，無不好琴。由於朝廷的崇文政策、科舉管理和考試制度更為健全完善，杜絕門閥大族對政治的壟斷，大批的文人

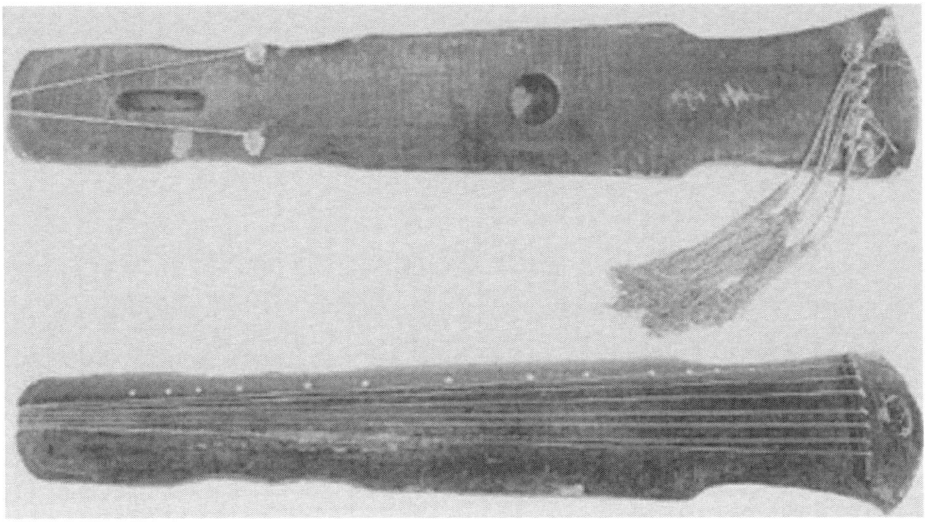

唐琴“春雷”

入仕。這是一個“與士大夫共治天下”的時代，官員俸祿優厚。即使是沒有入仕的文人，也可能得到朝廷其他方式的恩蔭。寬鬆的環境和濃郁的文化世風，成了宋代古琴藝術發展的溫床。

宋代的琴學審美觀，體現為兩種文化風格的融合。一則是“治國、平天下”的儒家思想，崇文的社會風氣鼓勵著大批文人積極入世，“窮則獨善其身，達則兼濟天下”的傳統價值觀滲透在琴樂中。二則是道家“任自然”的隱士風格和佛家“物我相忘”的思想在古琴文化上的折射。

宋代的琴人分為幾類，一是隱遁山林的處士，如魏野、林逋、唐異等；二是在仕的名臣，如范仲淹、歐陽修、蘇軾等；三是游走於江湖的布衣寒士，如歐陽澈、薑夔等；還有僧侶道人等方外之人，如釋夷中、釋義海、釋智圓、釋則全、釋知白等。以下擇取數人為例，介紹當時琴人的思想狀態和琴學觀點。

古琴的意象中往往蘊涵著一種隱士情懷，但宋代的隱士為盛世之隱，有別於魏晉時的亂世之隱。隱逸是他們所追求的生活情趣和價值理想。他們關注的是生命本身自我人格的完善和心性的自由，不為名利所束縛，不為世俗煩囂所擾。所以，他們的琴樂審美也滲透著清高孤傲、不合俗流和道家追求自然天真的思想，其代表為隱逸詩人林逋。

北宋隱士林逋，字君複，逝世後宋仁宗賜諡號“和靖先生”。林逋性恬淡，高潔出塵，不好虛榮，在西湖孤山結廬隱居，數十年不到鬧市中。他終身不娶，“以梅為妻，以鶴為子”。在林逋的隱居生活中，梅有花開花敗，鶴有來去聚散，惟古琴，朝夕伴於身旁，須臾不離。“薄夫何苦事奸奸，一室琴書自解顏。峰後月明秋嘯去,水邊林影晚樵還。”（林逋《深居雜興》）這便是以林逋為代表的隱士琴人的處世態度。

林逋的一句千古佳作“疏影橫斜水清淺，暗香浮動月黃昏”便是他一生心境的寫照。琴曲《梅梢月》便是根據他此句的意境而創。在明譜《西麓堂琴統》卷十一中所錄琴曲為林逋本人所作，解題記為：“逋仙結廬孤山中，夜吟倚小窗，見梅月爭清，遂有此曲。當與暗香疏影之句同作金聲也。”

當時許多人敬重林逋超塵清傲、與世無爭的品格，激賞他的才氣，都願與他結交，包括了在朝的官員和出塵的方外之人，范仲淹便是其中之一。范仲淹，字希文，北宋時著名的政治家、思想家、文學家。他“少有經國致君之志”，宋仁宗時，曾官至參知政事，相當於副宰相。他一生憂國憂民，所寫名句“先天下之憂而憂，後天下之樂而樂”（《岳陽樓記》）成為歷代愛國志士的精神嚮導，其思想也熔鑄為中華民族的傳統美德，影響至今。

林逋較范仲淹年長約二十歲，雖然一是塵外隱士，一是塵內名臣，但二人有著相同的志趣，結為了忘年之交，常詩酒唱和，撫琴抒懷。范仲淹在《寄贈林逋處士》一文中表達自己對林逋的敬仰之情：“風俗因君厚，文章至老淳。玉田耕小隱，金闕夢高真。”

范仲淹以鼓琴來思古抒懷，只為表達內心意趣，不為取悅他人。據陸遊的《老學庵筆記》記載，范仲淹平日喜歡彈琴，卻只彈《履霜操》一曲，所以當時的人稱他為“範履霜”。履霜，也即踏行於霜上，知寒冬而至。事有先警，方能免於禍患。《履霜操》為周宣王時候的重臣尹吉甫長子尹伯奇所作。伯奇生母去世後，後母想立自己的兒子伯封為長子，於是在吉甫面前誣陷中傷伯奇。吉甫大怒，把伯奇驅逐於野。伯奇“集芰荷以為衣，采楟花以為食”，一日清晨時分走在霜上，自傷無罪而不容於父親，所以作了《履霜操》，詞曰：

“履朝霜兮采晨寒，考不明其心兮聽讒言。孤恩別離兮摧肺肝。何辜皇天兮遭斯愆，痛歿不同兮恩有偏，誰說顧兮知我冤。”

范仲淹好琴，卻只喜聖人中和之音，看中的便是琴音禦邪僻、防心淫之效，能修身養性，又不失天真。范仲淹也曾寫《鳴琴》說明此理：“思古理鳴琴，聲聲動金玉。何以報昔人，傳此堯舜曲。”他一生坦蕩自適、淡泊廉素，而又有著愛國憂民的崇高風範，自會把堯舜等有德之人引為榜樣，但求“行求無愧於聖賢”。古琴聲韻高雅、坦蕩超逸，雖然曲高和寡，卻與范仲淹君子之道的人文精神相契合。所以他說：“奏以堯舜音，此音天與稀。明月或可聞，顧我亦依依。月有萬古光，人有萬古心。此心良可歌，憑月為知音。”（《明月謠》）

范仲淹在《與唐處士書》一文中記載了他向崔遵度學琴的過程，也正說明瞭他只彈雅正中和之古樂，不彈鄭衛新聲。他在開篇時便說了“蓋聞聖人之作琴也，鼓天下之和而和天下”，而批評後傳之樂聲“妙指美聲，巧以相尚，喪其大，矜其細”，只追求指法技巧的花樣和音樂的悅耳，這是因小失大的做法，不符合琴道之樂禮。此說也正體現出儒家追求中正淡和的音樂思想。其實這也是文人琴和藝人琴的區別所在，范仲淹反對“人以藝觀”，支持的是“文人琴”的琴樂觀點。

范仲淹在文中表示敬重崔遵度“清淨平和，性與琴會”的境界，所以拜於其門下學琴。有一天，他請教崔公，問：“琴何謂是？”崔公只回答了八個字：“清厲而靜，和潤而遠。”范仲淹回到家思考了許久，終於想明白了：“清厲而弗靜，其失也躁；和潤而弗遠，其失也佞。弗躁弗佞，然後君子，其中和之道歟。”琴聲至激切高昂而不靜，就會顯得音躁；琴聲和諧圓潤卻不清遠，就會顯得聲音諂媚；只有不躁不佞，才是古琴所需要的淡和之音，也是君子所需要的中和之道。

范仲淹交遊面很廣。有人統計過，在其詩文集中涉及的曾與之有過交往的人物有二百餘人之多，其中多以詩詞酬唱的方式交友。他也喜歡以琴會友，在他的《與唐處士書》中說到，他問崔遵度誰的琴藝能與其相和，崔遵度推薦唐處士。後來他與唐處士互為知音，曾寫詩讚譽唐處士“厭入市朝如海燕，可堪雲水屬江鷗”（《贈余杭唐異處士》）的高風亮節。唐處士也請他為詩集作序。范仲淹結交的琴友還有王鎬、周德寶、屈元應等人。他在《鄠郊友人王君墓表》中回憶起當時與他們結伴同遊的情景，認為這是他終生的財富：

“相與嘯傲於鄠、杜之間，開樽鳴琴，或醉或歌，未嘗有榮利之語。”

古琴伴隨著范仲淹跌宕起伏的一生，成為他的最愛，這份感情，與當時所有文人一樣，與生命同在。正如其在《和楊畋孤琴詠》中吟道：“愛此千年器，如見古人面。欲彈換朱絲，明月當秋漢。我願宮商弦，相應聲無間。自然召南風，莫起孤琴歎。”

唐宋八大家之一的歐陽修，字永叔，號醉翁、六一居士，北宋文學家、史學家、政治家，詩文辭賦皆有建樹，強調文以明道，提倡平易自然之文。其散文尤好，各種文體兼備，文風自然婉轉、內容充實、結構嚴密，皆為上乘之作。故歐陽公被稱為“文章道義天下宗師”。《太古遺音》錄有一首琴歌，便是以他的散文《秋聲賦》為辭。

范仲淹像

他的一篇《醉翁亭記》廣為歷代傳誦。寫此文時正是他被貶滁州的時候，他寫出了滁州一帶幽深秀美的風景與百姓和美寧靜的生活。歐陽修借此山水之樂排遣被貶的苦悶，也表達了渴望社會和平安定、百姓安居樂業的政治理想。時人把歐陽修的這篇《醉翁亭記》碑刻於滁州西南方琅琊山上，為太常博士沈遵所賞。沈遵回去後創作了琴曲《醉翁吟》。琴曲表現出“有如風輕日暖好鳥語，夜靜山響春泉鳴”的意境。歐陽修聽後十分喜歡，“我初聞之喜且驚”，於是回贈有一詩，其中有句：“沈夫子，愛君一尊複一琴，萬事不可干其心。自非曾是醉翁客，莫向俗耳求知音。”

歐陽修喜鼓琴，說是：“吾愛陶靖節，有琴常自隨。”（《夜坐彈琴有感二首呈聖俞》）他年老時寫有一文《三琴記》，記錄了他所收藏的三張珍琴，並引以為傲：“今人有其一已足為寶，而餘兼有之。”說是時人若擁有三張的其中一張，便為至寶，而他卻擁有了三張。其一為“張越琴”，鑲的是金徽，“其聲暢而遠”；其一為“樓則琴”，鑲的是石徽，“其聲清實而緩”；其一為“雷氏琴”，鑲的是玉徽，“其聲和而有餘”。這三張琴都有蛇腹斷紋，可見琴的年份已遠。

在《三琴記》中，歐陽修表明他“自少不喜鄭衛，獨愛琴聲”，與范仲淹一樣，喜愛的正是古琴音樂的雅正之音。范仲淹只彈《履霜操》，而歐陽修則最愛《小流水》一曲。他說：“平生患難，南北賓士，琴曲率皆廢忘，獨流水一曲夢寢不忘，今老矣，猶時時能作之。其他不過數小調弄，足以自娛。”歐陽修一生仕途起伏坎坷，曾官至刑部尚書、兵部尚書等職，卻又多次被貶，南北奔波操勞。謫居的時候尚能借琴抒懷：“我昔謫窮縣，相逢清漢陰。拂塵時解榻，置酒屢橫琴。”（《送楊君歸漢上》）他認為：“琴曲不必多學，要於自適。”

從歐陽修的詩文中可以看出，他與當時許多文人琴士或僧侶道人多有交流，包括范仲淹、梅堯臣、孫道滋、朱公綽、蘇舜欽、釋知白、李景仙道長等。他們常相聚在一起，品茶鼓琴，盡得雅趣。他的《於役志》一文便記錄了與蔡襄、孫道滋等人彈琴會飲的雅集，又寫有《夜坐彈琴有感二首呈聖俞》（聖俞，為梅堯臣字），把梅堯臣引為高山流水之知己。他在聽完琴僧釋知白彈奏古琴曲《平戎操》後寫有一詩《贈琴僧知白》以寄之。

當時年已七十的李景仙道長用有蛇腹斷紋的古琴為歐陽修彈奏了一曲，讓其大為一喜，寫下詩兩首《贈無為軍李道士》，記錄了當時的情景與心情。因此詩筆墨淋漓，融敘事、議論、抒情為一體，實有可賞價值，全詩錄於下：

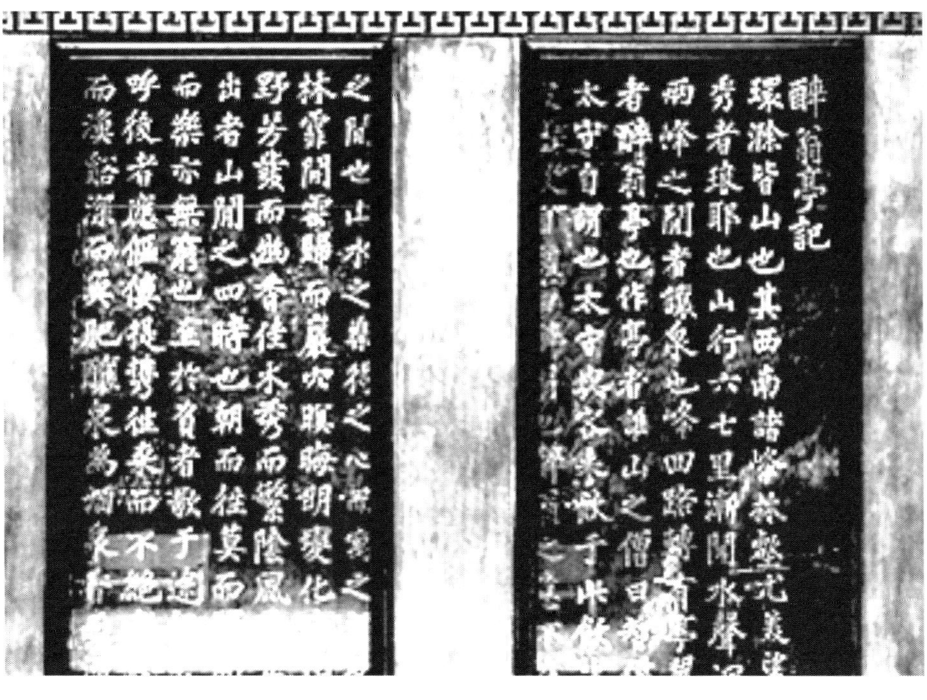

安徽琅琊山．蘇軾手書歐陽修《醉翁亭記》碑刻

其一

無為道士三尺琴，中有萬古無窮音。音如
石上瀉流水，瀉之不竭由源深。彈雖在指
聲在意，聽不以耳而以心。心意既得形骸
忘，不覺天地白日愁雲陰。

其二

李師琴紋如臥蛇，一彈使我三諮嗟。
五音商羽主肅殺，颯颯坐上風吹沙。
忽然黃鐘回暖律，當冬草木皆萌芽。
郡齋日午公事退，荒涼樹石相交加。
李師一彈鳳凰聲，空山百鳥停嘔啞。
我怪李師年七十，面目明秀光如霞。
問胡以然笑語我，慎勿辛苦求丹砂。
惟當養其根，自然燁其華。又雲理身
如理琴，正聲不可干以邪。我聽其言
未雲足，野鶴何事還思家。抱琴揖我
出門去，獵獵歸袖風中斜。

蘇軾，字子瞻，又字和仲，號東坡，與其父蘇洵，其弟蘇轍同為唐宋八大家。蘇軾天資非常高，年未及冠便已"學通經史，屬文日數千言"。他在詩詞、文章、書法、繪畫中皆有成就，在中國的文化史中極具影響。其文如行雲流水，文理自然、平易流暢、豪放自如，不愧大文豪之稱。他一生坎坷，仕途起伏，人生悲歡、政治理想及處世態度在他的詩文中都有所反映。

其父蘇洵喜歡彈琴，蘇軾兄弟自小耳濡目染，在琴學方面也都有著極深的造詣。蘇軾兄弟都寫有琴詩，記錄著聽父親彈琴的情景。"彈琴江浦夜漏永，斂衽竊聽獨激昂。"（蘇軾《舟中聽大人彈琴》）"江流浩浩群動息，琴聲琅琅中夜鳴。"（蘇轍《舟中聽琴》）

而關於蘇軾的琴詩，最著名的莫過於那一首《題沈君琴》："若言琴上有琴聲，放在匣中何不鳴？若言聲在指頭上，何不於君指上聽？" 此詩語言淺近，卻富含妙趣，反映出從具體到抽象的音樂美學思想，表現了新穎鮮明的藝術形象和發人深省的哲理，還蘊涵著佛法中因緣和合的禪悟，以聲聞為喻，揭示緣起之道。如《楞嚴經》所言：“譬如琴瑟、箜篌、琵琶，雖有妙音，若無妙指，終不能發。”從蘇軾詩中平白之句可見，他已深諳佛理與琴道。

蘇軾對琴樂的態度也受到儒家思想的影響，推崇中正平和的琴樂審美，“崇雅斥鄭進而肯定中華之聲”。他早年時期便道：“自從鄭衛亂雅樂，古器殘缺世已忘”“世人不容獨反古，強以新曲求鏗鏘”（《舟中聽大人彈琴》）。後來的詩句中也有反映：“歸家且覓千斛水，淨洗從前箏笛耳”（《聽賢師琴》），“散我不平氣，洗我不和心。此心知有在，尚複此微吟”（《聽僧昭素琴》）……古琴之雅正，惟淡以和。因為淡，故人心平靜；因為和，故人心安釋。淡和、清雅，也就是蘇軾的琴樂態度。

蘇軾在《雜書琴事》中寫有《琴非雅聲》一文，此文與他支持琴之中正平和的態度並無衝突，只是在其中加入了崇華聲、抑胡樂的意識。他在文中指出“今世所謂鄭衛者，乃皆胡部，非複中華之聲”。他反對的鄭衛，是由胡部樂發展而來的音樂，如西涼樂、龜茲樂等少數民族或外域的音樂。他說：

“琴正古之鄭衛耳。”琴樂是中華正古的俗聲，不同胡樂，是可以提倡的。此文的觀點與以往的琴樂傳統審美不同，也是對雅俗定義相異，他把琴之俗樂分為了“古之鄭衛”和“今世鄭衛”，表明排斥“今世鄭衛”的流行胡樂的態度，也說明了古琴音樂不是世人所道的以“雅”為名那般的高不可攀，它是普遍存在於人們的生活之中的。

蘇軾所寫的《雜書琴事》有《家藏雷琴》《歐陽公論琴詩》《琴鶴之禍》《桑葉揩弦》等十篇，其中有關於古琴藝術的精彩論述和一些雜事小品，記錄他的琴事活動和琴學論點，生動有趣且富有見地，也可見他的音樂思想十分豐富、深刻和全面。

《雜書琴事·家藏雷琴》介紹了他家裡所藏的唐代雷公琴，琴面佈滿蛇腹斷紋，龍池處刻有“開元十年造，雅州靈關村”，鳳沼處刻“雷家記八日合”，琴的用材及工藝都非常精良，也見雷琴之優。“其嶽不容指，而弦不文”，是雷公琴獨有妙處。蘇軾說自己對此研究了許久都不明白為何這張雷琴音色如此之佳，所以忍痛把它破開來研究雷琴獨特的造琴技藝，發現“琴聲出於兩池間，其背微隆，若薤葉然，聲欲出而隘，徘徊不去，乃有餘韻，此最不傳之妙”。這就是雷琴的奧妙所在。蘇軾此文為後世研究雷琴提供了重要的材料。

他還寫有一詩以贊之："我有鳳鳴枝，背作蛇蚹紋。月明委靜照，心清得奇聞。"（《次韻奉和錢穆父、蔣潁叔、王仲至詩四首見和》）不過雷琴鼎盛只維持了一百多年，後來雷氏後裔為求利益，保證不了琴質，名聲也就開始沒落了。《東坡志林》載："唐雷氏琴，自開元以至開成間，世有人，然其子孫漸志於利，追世好而失家法，故以最古者為佳，貴遠而賤近也。"

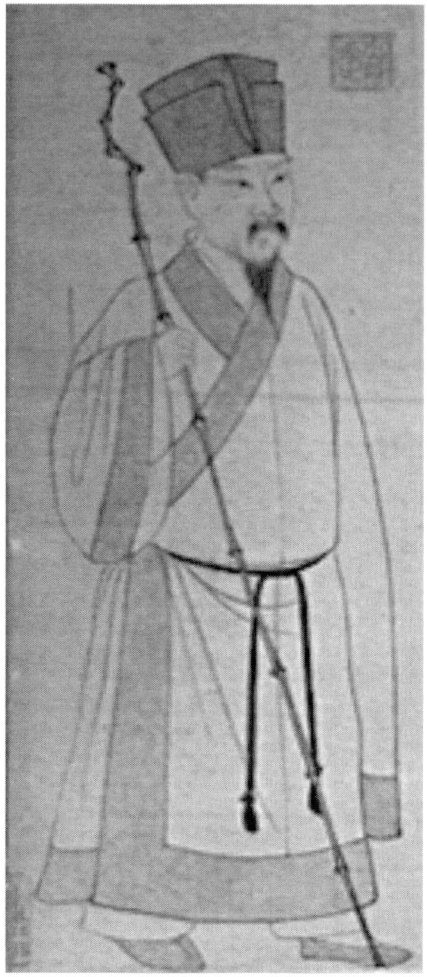
元代畫家趙孟頫《蘇東坡像》

蘇軾一生風雨不斷，屢遭貶謫打擊，特別是那一次"烏台詩案"，被告"訕謗朝政"而被貶，他把滿腔憤恨感慨系於詩文與古琴上，常以琴為伴，以琴會友，在逆境中心有所托，方能在黑暗的宦海保持著不變的政治主張和獨立精神，維護自身的人格尊嚴。他寫下近百首琴詩琴詞，記錄下與琴相隨的日子，又寫下見解獨特的琴論，為古琴藝術的研究發展做出了極大的貢獻。

在宋代的琴人中，還有一個特殊的群體，便是琴僧。北宋時，就出現了以朱文濟為師的琴僧派。朱文濟並非僧人，他把自身的琴藝傳予了慧日大師釋夷中，慧日大師又傳給了僧人釋知白、釋義海、釋智圓等，釋義海又繼續傳與釋則全、釋梵如……由此形成了一個琴僧系統。由於宋代佛教的廣泛傳播，許多文人士大夫也都崇尚佛法，與僧人們交往甚密，僧人們的文化藝術水準大有提高，在宋代的文藝史上佔有十分重要的地位。

宋代的琴學理論也有突出的發展，這個時候的琴人大多數都是文人，除了有豐富的琴樂實踐經驗外，還有一定的文學功底和理論研究基礎。他們除了彈琴和寫作琴詩雜文，也會進行琴論的深入探討，寫有很多關於琴史、琴樂審美、琴律、斫琴技術等論著。

最為突出的當數朱長文的《琴史》，它是中國歷史上第一部古琴的通史，共六卷，約六萬餘字，以時間為線索，總結概括了宋以前的古琴藝術發展曆史及歷代的琴人小傳。其中前五卷共記錄了上古堯帝開始到宋代的趙閱道等一百四十六人，第六卷則論述了《瑩律》《釋弦》《明度》《擬象》《論音》《審調》《聲歌》《廣制》《盡美》《志言》《敘史》十一個專題。朱長文的《琴史》還是一部重要的琴學史料寶庫，編入了如嵇康的《琴賦》、薛易簡的《琴訣》等豐富的琴學資料，可視為古琴文化發展史上的里程碑著作。清代文學家紀曉嵐在《欽定四庫全書總目》的提要中這樣讚譽此書："凡操弄沿起、制度損益，無不咸具。采摭詳博，文辭雅贍。"

崔遵度的琴學專論《琴箋》，否認了琴上的十三徽象徵著一年十二月加閏月的說法，並認為十三徽是"天地自然之節"，從易學的角度，探討琴徽與天地自然的關係："作易者，考天地之象也。作琴者，考天地之聲也。"

律學方面有朱熹的《琴律說》，其中用三分損益的方法計算出宮、商、角、徵、羽五音在琴徽上的位置，闡述了十二律和琴徽的關係等。還有徐理的《琴統》，系統論述了琴律、琴調與琴徽等的理論。

另有宋代高僧則全和尚的《節奏指法》一書，是則全和尚演奏古琴的經驗之談，周詳解釋了古琴左右手的指法，並繪有手勢圖作為參照，後世許多的琴著在講到指法時也都大多沿用了這種圖文相照的撰寫方式。書中還涉及古琴演奏的要求和琴曲的演奏理論，是後世研究古琴節奏指法的重要資料。

還有碧落子的《斫琴法》、成玉磵《琴論》等，宋代的琴論資料浩如煙海，是古琴文化中一筆珍貴的財富。可惜這筆豐富而龐雜的財富還沒有被完全搜集整理並校釋出來，否則對當下古琴藝術遺產的傳承定能起到極大的推動作用。

六、元朝時期

1271 年，忽必烈改國號為元，建立元朝，建都於大都。元朝是由蒙古人建立的中國歷史上第一個大一統的少數民族王朝。元朝的統一，結束了南北對峙、多個民族政權長期並存的分裂局面。

由於蒙漢兩族文化觀念相異，漢族的士大夫地位有所下降，文學藝術方面戲曲雜劇發展迅速，古琴文化卻有所沉寂，雖然也有部分琴人為此不遺餘力，但整體來說已不復宋代的繁榮。

當然，只要還有人願意為古琴而努力，琴音就不會變為絕響。元朝的琴人們在前人的研究基礎上繼續前進，出現了許多對後世有著重大影響的琴曲和琴論，琴學體系也更為成熟。只是元代所留下的琴曲、琴律、演奏技法等史料專著比較散亂和稀少，造成了後世對元代琴史研究的困難。

說到這個時期的代表琴人，首推的便是耶律楚材。耶律楚材，字晉卿，號湛然居士，又號玉泉老人，是遼代皇室的後裔，投效蒙古政權二十餘年。他自幼研習漢籍，精通漢學文化。都說耶律楚材是個百科全書式的人物，“其學務為該洽，凡星曆、醫蔔、雜算、內算、音律、儒釋、異國之書，無不通究”，著有《湛然居士文集》《西游錄》《玄鳳慶會錄》等。他自小受儒家思想薰陶，有很高的琴學造詣，能熟彈琴曲數十首，並創作有琴歌，藏有數張名琴，還嘗試斫琴。他所寫琴詩琴文，大大填補了元朝古琴文化資料的空白。

耶律楚材有很多琴詩都寫到他對古琴的癡愛。“年來衰老四旬餘，願與人間萬事疏。唯有琴魔降不得，鳴球戛玉徹清虛。”（《和景賢七絕》）“碧玉聲中步月歌，彈來彈去不嫌多。從教人笑成琴癖，老子佯呆不管他。”（《彈秋宵步月秋夜步月二曲》）有一段時間，他因足疾，告病在家。一天，本與人有約，卻因彈琴逾時，直到腕臂作痛，才發現已經遲到了，可見其彈琴可謂是入了迷。耶律楚材的詩文中還提到他所收藏的數張傳世名琴，如“春雷”“玉澗鳴泉”“升元寶器”等。直到他去世，乃馬真皇后派人來抄家，發現他的家裡不過“唯琴阮十餘，及古今書畫、金石、遺文數千卷”，如此清貧一生，唯有琴書相伴。

耶律楚材像

耶律楚材在因足疾而告假的日子裡，終日彈琴，以攻琴曲《廣陵散》，並寫有長詩《彈廣陵散終日而成因流、曲式結構、演奏技法、琴曲譜系以及琴樂審美等資料，為後世研究《廣陵散》的發展狀況等方面提供了最為直接的證據。

耶律楚材交遊廣泛，結交了數十位琴人，並將大部分的人物資料寫入他的詩文中，這也為我們研究元朝時期的琴人提供了珍貴的史料。詩文中有他的兩位師父，一為琴待詔弭大用。“予幼年刻意於琴，初受指於待詔弭大用。”弭大用琴風閒雅平淡，“如奏清廟樂，威儀自穆穆”，讓耶律楚材欽佩不已。他提到其師彈奏琴曲《水仙操》時，“起伏與神會，態狀如雲煙”，竟若有雲煙之態，清微淡遠，如有神指。

耶律楚材的第二位師父是棲岩老人苗秀實，其人琴藝高妙，為“當世第一”，他的琴風如蜀聲之峻急，似激浪奔雷，取音沉實，又富於變化。耶律楚材提及棲岩老人的演奏，曾說：“今觀棲岩意，節奏變神速。雖繁而不亂，欲斷還能續。吟猱從簡易，輕重分起伏。一聞棲岩聲，不覺傾心服。”（《冬夜彈琴頗有所得亂道拙語三十韻以遺猶子蘭》）詩中不但介紹了棲岩老人的琴風，還表達了自己對師父的敬慕之情。

從耶律楚材的詩文中可見，當時的琴人還有苗蘭（苗秀實之子）、張器之、張研一、喬辰、韓浩然、張敏之、萬松禪師等。

元朝時期還有一位頗具影響力的琴人，清容居士袁桷，漢族，字伯長，又號見一居士，曾在朝廷任翰林學士等官，著作宏富，文采風流，為朱子學派代表，著有《清容居士集》等作。元代文學家戴表元曾贊道："伯長持身有士行，居家有子道，天資高，文章妙，博聞廣記，尤精於史學，近複貫穿經術，他如琴書、醫藥諸藝深得其理。"

袁桷少時拜南宋琴家、浙派徐門徐天民習琴，學琴譜《紫霞洞譜》，並深得徐天民真傳，琴藝了得。同期詩人張炎曾親聽袁桷鼓琴，陶醉在琴音所營造的意境中久不復回，並寫有詞篇《聽袁伯長琴》道："秋風吹碎江南樹，石床自聽流水。別鶴不歸來，引悲風千里。餘音猶在耳，有誰識，醉翁深意。去國情懷，草枯沙遠，尚鳴山鬼。"

元代朱德潤《林下鳴琴圖》

袁桷關於琴的著述頗豐，有《琴述》《題徐天民草書》《示羅道士》等文，詳細記錄了從宋代至當時的琴曲流傳情況和琴派傳承過程，極具史實性，可作為史料證據來研究。

關於琴論的著作還有陳敏子的《琴律發微》，被收錄於《琴書大全》，涉及辨調、制曲等琴曲創作理論。另有趙孟頫的《琴原》《樂原》，吳澄的《琴言十則》，元好問的《琴辨引》，等等。

在元代還有不少的傳世名琴流傳至今，如現藏於故宮博物院的"清籟"琴（嚴恭遠斫，清宮舊藏），藏於上海博物館的"月明滄海"，藏於香港硯琴齋的"戛玉"琴……當時的斫琴家有嚴古清、朱致遠、施溪雲、施谷雲、施牧州等人。

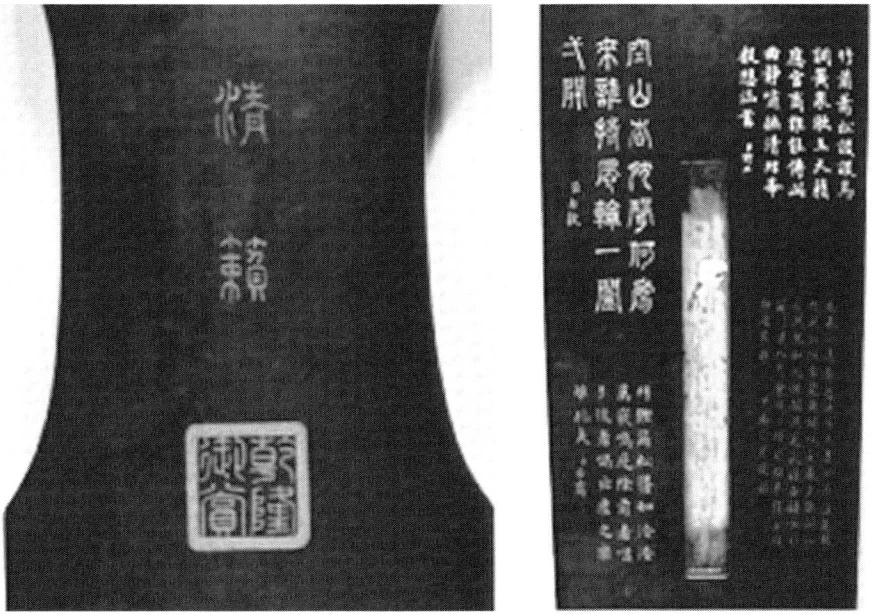

"清籟"琴，篆刻琴名，下有方印刻"乾隆御賞"，琴底刻乾隆朝臣們所題的琴銘

雖然元代的古琴藝術不及唐宋的繁盛，但這個時期的琴人所做的貢獻還是不能被抹殺的。若沒有他們的努力，沒有他們對這些琴論著作和琴譜的保護傳承，也就沒有後來明代琴學高峰的出現了。

七、明朝時期

元朝末年，由於統治者殘暴腐敗，民族歧視等問題嚴重，各民族之間的矛盾迅速激化，硝煙彌漫，爆發了農民起義。朱元璋打著“驅除胡虜，恢復中華”的旗號討元，獨霸一方。1368 年，朱元璋建立大明，以應天府（南京）為都，朱元璋即為明太祖，元朝統治結束，開始近三百年的大明天下。

明朝初年，漢文化處於低迷的狀態。統治者在執政後急需一個休養生息的階段。明太祖為了鞏固其來之不易的政權，要從思想意識上進行控制，所以在文學、音樂、繪畫等方面都加大遏制的力度。“在這種高壓氣氛中，只能人人自危，好學便是招禍，連喜歡讀書都唯恐郡縣得知，哪裡有閒情雅致譜曲作詞而自招災禍？”如此嚴峻的社會形態嚴重打擊了古琴音樂的發展，而琴人的社會地位也很低。經過明太祖的“洪武之治”後，社會經濟得以恢復發展，國力也迅速強盛起來。

當然，即使是明朝初期，古琴文化也不是停滯不前，也有大批的琴人湧現，如浙派興起，琴譜刊印。我們能看到這種藝術正在漸漸地注入新的力量，蓄勢待發。

明朝中後期，工商業成為經濟重心，手工行業的專業化也推動了城鎮的發展；外貿開放，資本主義經濟開始萌芽，中國的經濟掀開了嶄新的一頁。加上統治者的文化傾向，琴人們的地位有所上升，藝術環境也相對寬鬆自由，國民的精神需求加大。這時候，琴樂承舊趨新，各琴派紛呈，百家爭鳴，每個琴派都出現了一大批琴學造詣很深的琴家，創作出大量的經典琴曲，還刊印了許多琴譜，加強了各地區琴學的交流和傳播。印刷業、漆業、木業的興旺，也成了古琴藝術發展的基礎，明代慢慢成為中國歷史上古琴音樂最為繁榮的時期之一。

明代古琴的發展特點之一便是琴派的相繼產生，形成具有地方色彩的多種琴論觀點和演奏風格，百家爭鳴，琴風日盛，善琴者的數量迅速增加。明代的琴派主要有江派、浙派、虞山派、紹興派等，且多見於江南地區。

江南琴派的繁榮，首先歸功於其獨特的人文氛圍及工商業的發達。此處物產豐富，地靈人傑，人才輩出，形成了多樣的江南文化。而且南宋時期，大量皇室貴族和文人南渡，在江南地區聚集，臨安一帶的文化空前繁榮，也更帶動了這一地區琴學的發展。

明代畫家仇英《柳下眠琴圖》

浙派源於宋代，在琴壇已是聲名卓著。《琴書大全》有載宋代琴家成玉磵的《琴論》，其中就指出了當時南北各琴派（如京師、江西、兩浙各派）的不同風格：“京師過於剛勁，江西失於輕浮，唯兩浙質而不野，文而不史。”浙派創始人是宋代琴家郭楚望，後得到徐門的傳承，“徐門浙操”是從徐天民開始，經徐秋山、徐夢吉，到明代的徐和仲，聲望就更大了，被譽為“徐門正傳”。

徐和仲，是個名震一時的人物，他本隨父親徐曉山留在四明（今浙江寧波），以教書為業。當時朱元璋廣招文才，徐和仲與劉鴻、張用軫三人作為天下能琴者被推薦了上去。徐和仲的琴藝十分高超，時人稱他奏琴“得心應手，趣自天成”，很多人都遠道而來向他求學古琴，所以徐和仲還培養了一大批琴人。他創作了琴曲《文王思舜》，編有《梅雪窩刪潤琴譜》，現已失傳。

在《寧波府志》裡記載了這麼一個關於徐和仲的故事。據說當時四明有一個善於彈奏琴曲《烏夜啼》的薛姓琴人，自恃有才，想來與徐和仲比試琴藝。徐和仲性情謙厚，不願爭此名，所以一直回避。薛氏無奈，惟有請其他人來邀徐和仲彈奏《烏夜啼》，自己躲在牆背後偷聽。一曲已終，薛氏便拜倒在徐和仲腳下求他收之為徒，道：“願為弟子，幸不負此生。”徐和仲琴藝之高可見一斑。

徐和仲的弟子金應隆、吳以介、王禮、戴義、張助，其子徐惟謙都是琴界的高手。現存最早的浙派琴譜《梧岡琴譜》的編者黃獻，廣西平樂人，字仲賢，號梧岡，十一歲入宮做了太監。他癡愛古琴，刻苦練琴，“朝夕孜孜，頃刻無息”，甚至到了六十歲之後，還“其志未嘗少倦”。他的琴藝師從戴義和張助，這在其琴譜序言中有記：“得之竹樓戴公義也，竹樓奉英廟旨，受學於姑蘇張公助。”

《梧岡琴譜》，明嘉靖二十五年（1546 年）出版，所收錄的四十二首琴曲都為浙派的傳譜，錄有琴歌《歸去來辭》和琴曲《烏夜啼》《樵歌》《漁歌》《秋鴻》《瀟湘水雲》等。後來琴家楊嘉增為七十一首，編有琴譜《琴譜正傳》，出版於明嘉靖四十年（1561 年）。

《梧岡琴譜》今刊印版

《杏莊太音補遺》的編者肖鸞亦是浙派徐門的傳承者，他強調“去文以存勾踢”，也就是古琴音樂不需配有文辭來唱誦。他癡迷易學，“起則誦之，以玩其辭。臥則枕之，以索其理”，創作有《石床枕易》等琴曲，把易學中的感悟寄於曲中。後來肖鸞對《杏莊太音補遺》反復訂正，又編有《杏莊太音續譜》。這兩部琴譜的特點是，每首曲子前面都有一個短小的序曲，稱為“吟”，以作琴意的說明，“曲必有吟，意必有考”。例如《風雷引》前配有《資益吟》，《秋鴻》前有《飛鳴吟》，《昭君怨》前有《秋塞吟》，《梅花三弄》有《孤芳吟》……有些曲子實在配不到合適的“吟”，譜子前都會有所注明：“屢考無吟，以俟後之君子。”

明代浙操徐門的傳譜還有胡文煥編的《文會堂琴譜》，序中有說：“今餘此譜，皆親傳之浙操，順暢而雅正，潔淨而精當。”

流傳至今最為著名的浙派傳譜集當數甯王朱權所編的《神奇秘譜》，今天的琴人無不知曉。甯王朱權，字臞仙，號涵虛子、丹丘先生，是明太祖朱元璋的第十七子。他自幼聰明好學，學識淵博，曾為朝廷的重將，統帥精兵，“數會諸王出塞，以善謀稱”。燕王朱棣篡權時，脅迫朱權出兵相助，並承諾事成後與他分天下而治。後來朱棣取得皇位，即明成祖，卻盡奪朱權兵權，把他遷至江西南昌。

朱權深感人事無常，前途已是無望，為免遭遇陷害，終日讀書彈琴，寄情於遊娛釋道。他崇奉道教，有出世之念，拜道教學者為師，學習道典義理，不再過問政事。朱權是個“經子、九流、星曆、醫卜、黃老諸術皆具”的大才子，嗜學博古，著述頗豐。

朱權在琴學上最大的功績便是編印了這本《神奇秘譜》。這是現存最早的刊印的古琴譜集，史料價值極高，是當世古琴藝術傳承研究的重要資料。全譜有六十餘首曲子，分上、中、下三卷，上卷稱“太古神品”，錄有包括《廣陵散》等古代名曲，這些古譜在當時已經沒有人傳授了，所以基本沒有句讀，被稱道：“乃太古之操，昔人不傳之秘”。中、下卷稱“霞外神品”，是“昔所受之曲”，錄有部分一直流傳於世，為人們常彈的琴曲，如《梅花三弄》《烏夜啼》《瀟湘水雲》等，曲譜源於宋代浙派的《紫霞洞譜》。

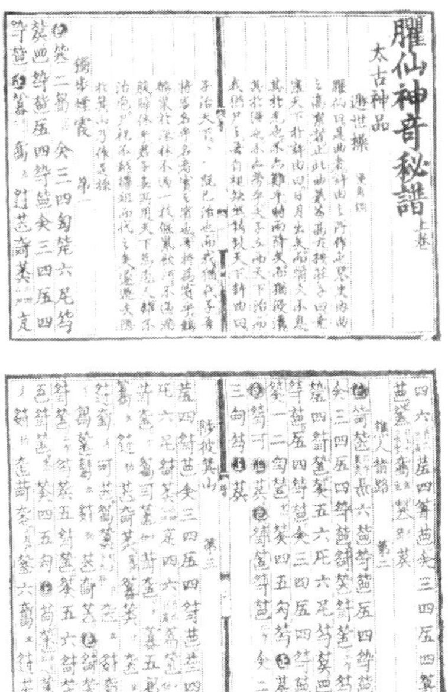
臞仙神奇秘譜 上卷
太古神品
遯世操

《神奇秘譜》上卷“太古神品”所錄第一首琴曲《遁世操》節選

《神奇秘譜》中大部分曲子前都會有詳盡的解題，除了會記錄琴曲的源流演變，還會介紹曲子的表現內容等，為後人研究這些曲子提供了頗有價值的資料。

明代第一琴——連珠式“飛瀑連珠”琴，便是朱權親制的，署名“中和”，至今有

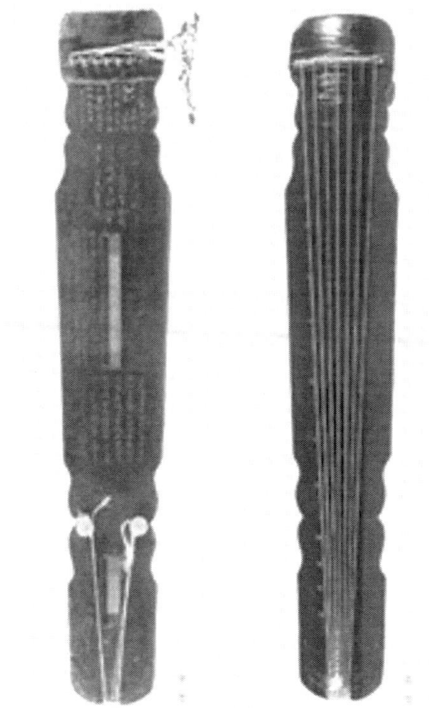

甯王朱權所制“飛瀑連珠”

五百多年的歷史，是朱權所斫的古琴中唯一傳世到現在的，是為甯王的孤品。此琴價值非凡，管平湖先生所錄制的送往太空的琴曲《流水》，就是用這張“飛瀑連珠”琴彈奏的。這張琴，琴面布蛇腹斷紋、小流水斷紋間梅花斷紋、牛毛斷紋，金徽玉足，有“其聲鏗然，其聲冷然，其聲清越”之讚譽，音質古今獨步。琴腹刻文“皇明宗室雲庵道人親造中和琴”。雲庵道人，即甯王朱權。

明神宗時，又一琴派繼浙派之後慢慢興起，這就是由江蘇常熟嚴澄創立的虞山派。嚴澄，號天池，字道徹，常熟人，曾官至知府，組織了“琴川琴社”。近六十歲時，嚴澄辭官回家，便專心於琴學之上。

虞山派受浙派影響很大，沿襲了徐門的琴風。徐門琴家徐夢吉曾在常熟教書，常熟一帶許多知名的琴家都是他的弟子。陳愛桐也是這一門傳承習者，其兒子陳星源正是嚴澄的師父。後來，嚴澄又拜京師一位鼓琴名手沈音為師。沈音，字太韶，是浙派的琴師。“澄因以沈之長，輔琴川之遺，亦以琴川之長，輔沈之遺。”嚴澄吸收了沈音的優點，沈音也以嚴澄補自身之遺。嚴澄取各家之長，形成了後來的虞山派。所以查阜西先生說：“虞山派實則是浙派的後身。”

虞山派在明末成為最具影響的琴派，“一時為知音，遂奉為楷模，鹹尊為虞山派。”嚴澄主持編印的《松弦館琴譜》為虞山派代表琴譜，收錄了二十余首琴曲。在《松弦館琴譜》裡有一篇嚴澄所寫的《琴川譜匯序》，記錄了嚴澄的琴學觀點，也是虞山派的琴樂態度的代表。他認為：“蓋聲音之道微妙圓通，本於文而不盡於文，聲固精於文也。”嚴澄抨擊琴歌的濫制之風，認為琴樂的表現力是不需要文辭相助的，把心意寄託於音樂裡，也非文辭可表達，純粹的琴樂更能反映人的思想感情。況且，彈琴時既要注意左右手的指法技巧，又要考慮琴曲的內在意蘊，如果還要兼顧唱辭，那麼對鼓琴者定會有影響，更大程度上會限制彈奏，而琴樂其中的微妙也會被唱聲所遮掩，不能更多地發揮曲子的表現力。與其借助唱辭來讓聽者瞭解曲意，還不如把關注點放在指上。所以，虞山派主張琴樂“清”“微”“淡”“遠”，注重琴音之美，而非人聲之美。以嚴澄為代表的虞山派的出現，表示古琴向純器樂化的發展又進了一步，而且彈奏的技法也得到了完善。

琴川琴社中除了陳星源、嚴澄，還有陳禹道、莊樂、徐青山等人，其中徐青山便是琴論大作《溪山琴況》的著者。徐青山，原名徐上瀛，曾向陳星源和張渭川學琴，與嚴澄是同門，也算是虞山琴派的創始人之一。他的《溪山琴況》被譽為“中國古代琴藝美學史上一部集大成的琴樂美學理論著作”，對古琴美學體系的研究有著重大的影響。徐青山在此書中，吸收了前人的琴學理論，在唐代司空圖“二十四詩品”的啟發下，提出了琴樂審美的二十四況，即“和、靜、清、遠、古、淡、恬、逸、雅、麗、亮、采、潔、潤、圓、堅、宏、細、溜、健、輕、重、遲、速”。

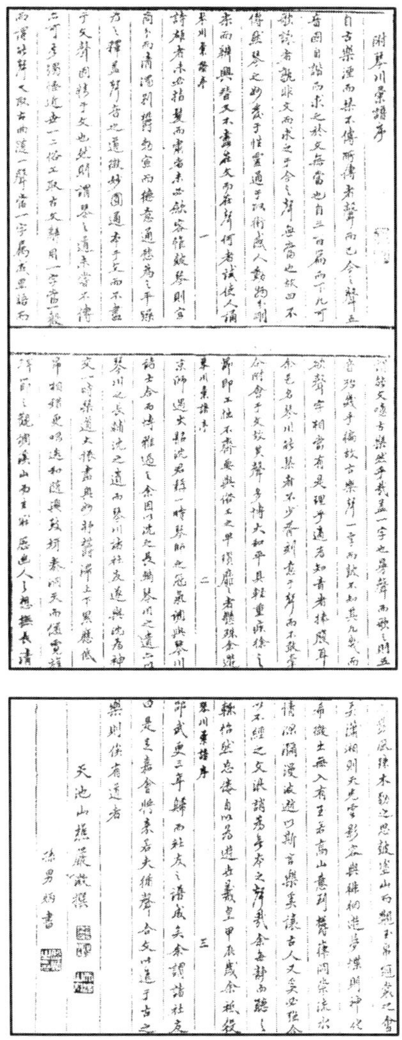
附琴川彙譜序

天池山樵嚴澂撰

徐男炳書

《松弦館琴譜》序

二十四況系統總結了琴樂中的精神境界、藝術審美和演奏技法等各方面的規律。精神境界中，“和”列首位，也體現了中華文明的核心價值所在，表現的是儒家“樂而不淫，哀而不傷”的思想，故弦需與指和，指與音和，音與意和，此謂琴樂的最高之境。“清、遠、古、淡、恬、逸、雅”，可見琴樂旨趣除了崇尚中和之外，還漸漸與道家的“大音希聲”理論相融合，淡泊寧靜，心無塵翳，這不僅是琴的境界，也是人的境界。“興到而不自縱，氣到而不自豪，意到而不自濃”，安閒自若，留有餘地，便得雅正之音。

藝術審美中，包含有“麗、亮、采、潔、潤”。淡和古雅，體現在琴音上，就是麗；清實悠然，就是亮；“清以生亮，亮以生采”，采如古玩之色，表現出的不是絕豔，而是從內在氣韻滲透出來的光色，這又是雅俗之別；潔為音的簡樸；潤則是一種音境的昇華。

演奏技法的論述中，有“圓、堅、宏、細、溜、健、輕、重、遲、速”各種論述，實際演奏過程中，琴技是前提，否則空有精神與審美的要求。例如“圓”，五音婉轉，無滯無礙，體現在這一彈、一按、一轉、一折之中。“一彈而獲中和之用，一按而湊妙合之機，一轉而函無痕之趣，一折而應起伏之微。”又如“溜”，也就是滑的意思，左手的技法，“音在緩急，指欲隨應”。“溜”的掌握並不容易，按指要靈活堅實，否則“若按弦虛浮，指必柔懦，勢難於滑，或著重滯，指複阻礙，尤難於滑”。

徐青山的《溪山琴況》在我國古代音樂美學史上地位很高，並在一定程度上推進了琴樂審美理論的發展。此外，徐青山傳下三十多首琴曲，經弟子夏溥整理編印成《大還閣琴譜》（原《青山琴譜》），與嚴澂主持編印的《松弦館琴譜》，都是虞山派最具有代表性的琴譜。

相比於虞山派的興盛，紹興琴派顯得門庭冷落。關於紹興琴派的琴人傳

虞山派古琴藝術館，現位於常熟

承和琴事活動，張岱在其著《陶庵夢憶》裡的《紹興琴派》《絲社》《范與蘭》三文中有著詳細的記載。

張岱曾於丙辰年（1616 年）向王明泉之徒王侶鵝學琴，習得《漁樵問答》《列子禦風》《碧玉調》《水龍吟》《擣衣環珮聲》等曲，後又於戊午年（1618 年）向王本吾學琴。王本吾來自吳地松江，他的“指法圓靜，微帶油腔”，在半年內便教予張岱二十餘首曲子，包括《雁落平沙》《山居吟》《靜觀吟》《清夜坐鐘》《烏夜詠》《漢宮秋》《莊周夢》《胡笳十八拍》《普庵咒》等。

王本吾的琴藝該是比王明泉、王侶鵝等人高明的，從曲目數量積累相比固然是。張岱在《陶庵夢憶·范與蘭》中說到，范與蘭少時從師於王明泉，學了三個曲子《漢宮秋》《山居吟》《水龍吟》。後來，范與蘭聽到王本吾彈琴後，大加讚賞，“盡棄所學而學焉”。可惜半年隻學了《石上流泉》一首曲子，天分不夠，也無心勤學，所以並沒有所成。

與張岱一同向王本吾學琴的，除了范與蘭，還有尹爾韶、何紫翔、王士美、燕客、平子等人。可惜的是，范與蘭、王士美、燕客和平子都半途而廢，學無所成。幸有何紫翔“得本吾之八九而微嫩”，尹爾韶“得本吾之八九而微迂”，而張岱則“得其法，練熟還生，以澀勒出之”。有一次，張岱、何紫翔、尹爾韶與師父王本吾一起合奏，其聲“如出一手，聽者駭服”。

說起這個尹爾韶，也是紹興琴派的名手，字紫芝，晚年號芝仙。少年時賦性聰慧，可是體弱多病，於是學琴以自娛養生。後來在范與蘭的家中，遇董若水和王本吾在彈琴為樂，琴音讓他豁然開朗，所以傾心求教。王本吾試了一下他的琴技，驚喜曰：“何其敏耶！”於是收了他為徒，教他指法、音律和雅俗之別。成年後，尹爾韶遍訪三吳、八閩、淮海、湖湘等地，拜訪各地的善琴者以切磋交流，琴藝更是進步神速。他花了二十年的時間去研究古琴，“旁通曲暢，無所不究”，有名家的風範。尹爾韶曾被崇禎皇帝接見，演奏了《高山》《塞上鴻》等曲，並受命作《皇極》等譜，受到皇帝的稱讚：“仙乎！仙乎！此人果有仙氣！”

尹爾韶的貢獻在於創作了《蘇門長嘯》等琴曲，撰寫了《五音取法》八十篇、《五音確論》五十篇和《原琴正議》《審音奏議》等。又編有《微言秘旨》，書中包括音律、指法、琴論、琴譜六十首等內容。

其實紹興琴派相比較浙派和虞山派，無論在琴人的規模還是技法水準上都遠遠不及，更別說社會影響力了，在而今的琴學研究中也往往被忽略。但不可否認，紹興琴派在明清時期琴派的歷史發展進程中，發揮了一定的作用。

明代是古琴音樂的成熟期，琴派興盛，琴人不僅在數量上有很大的增加，而且技藝素質上也較以往有所提高。琴家輩出，出版印刷業空前活躍，自我國第一部刊印琴譜（朱權《神奇秘譜》）問世後，陸續有許多刊印琴譜出現，數量之多，影響之大，都是前所未有的。據查阜西先生統計，僅在明萬曆年間刊印發行的琴譜已經有十四部之多，而現存可考的明代琴譜記有四十餘部。如蔣克謙的《琴書大全》、嚴澄的《松弦館琴譜》、楊掄的《太古遺音》、黃獻的《琴譜正傳》、汪芝的《西麓堂琴統》，等等，皆是對後世影響極深之作。這些琴譜的刊印，對保存和傳承古琴音樂具有重大的意義。

明朝時期的琴學理論發展也呈可喜之象，如冷謙的《琴聲十六法》、徐青山的《溪山琴況》等，都推動了古琴音樂藝術的發展。

八、清朝前中期

清朝是中國歷史上繼元朝之後第二個由少數民族建立的統一政權，也是最後一個封建君主制的政權。1644 年，以李自成為首的大順軍攻破了北京，崇禎帝在北京煤山自縊，歷時近三百年的朱明王朝宣告滅亡。山海關守將吳三桂降清，清朝順治帝愛新覺羅·福臨遷都北京，而後四處討伐，基本統一了中國。

清朝初期，在這樣朝代更替、滿漢衝突動盪之際，古琴音樂藝術並沒有停止向前的腳步。琴人的琴事活動，也沒有因此銷聲匿跡。琴人是一切古琴活動的基礎，清代的琴人數量並不見得比前朝少，僅見於記載的就超過千人，其中以經濟文化發達的吳越地區最為集中。

琴人們也以各種形式進行反清複明的鬥爭，並且把民族之義融進了琴樂的演奏之中。例如，在清兵攻陷廣州時，絕食抱琴而死的琴人鄺露。此人平生最愛兩張琴，一是唐琴“綠綺”，本為明武宗所有；一是宋琴“南風”，本為宋理宗珍藏。他的琴聲，成了絕響，而他的死，卻是一種從容的回歸。這不由讓人想起魏晉名士嵇康臨刑赴死前的那一曲《廣陵散》。後人作有《抱琴歌》，以表達對鄺露慷慨殉國之氣節的敬佩：“城陷中書義不辱，抱琴西向蒼梧哭。”又有琴家華夏，《操縵安弦譜》的著者，清兵滅明後，華夏與錢忠介等人意圖反清，事敗被捕，在獄中依然從容地彈琴以對，無畏死亡。

除此之外，琴人們繼承了前人的琴樂經驗，創作出許多琴曲名作，並對琴學理論中關於琴律、琴歌、琴曲演奏、藝術審美等各方面進行更為深入全面的研究。這時候的琴譜集與琴論作品對古琴藝術的發展有著深遠的影響。琴人們定期雅集，結成琴社，互相交流學習。由此可見，琴樂之風依然興盛。

清代黃慎《攜琴訪友圖》

清朝初期在揚州興起的廣陵琴派，就是當時最為主要的古琴流派之一，其傳承的琴譜、琴論等對現今古琴的發展也都有著不可取代的研究價值。

廣陵琴派發源於揚州，其創始人是琴家徐常遇。徐常遇，字二勳，號五山老人，以精於古琴而聞名。他與虞山派正雅古淡的彈奏風格相近。周慶雲的《琴史續》中說他"指法探微泄奧，極古人所未盡，學者尊之為廣陵宗派，與熟派（虞山派）並稱焉"。據許健先生的《琴史初編》介紹，徐常遇對傳統的古琴曲的處理，抱有不可增改的原則，"古曲設有不盡善處，可刪不可增"，因為即使刪得不好，不過是像古玩字畫有了破損，剩下的部分還是沒有減色。但是增得不好，就如清水有了污濁，不能再還原了，甚至增得再好，也都已經不是原來的樣子。不過刪改者須"能識作者之旨不可"，不能隨意刪減。不過徐常遇的這一看法，其實是限制了琴人們對古譜的創新，後人一般持否定態度。

另外，《琴史續》中說徐常遇的"指法探微泄奧"，指法是徐常遇，乃至廣陵派其他琴人所注重的地方。特別是廣陵派的左手技法，如"吟""猱"等，都是十分講究的。徐常遇編有《琴譜指法》，後來被兩個兒子徐周臣和徐晉臣校勘成書，即為著名的《澄鑒堂琴譜》。這個琴譜共錄曲三十七首，其中較重視對指法的闡釋，其中寫有《下指五要》："指法合勢，取音幽雅，吟猱恰好，挑剔順向，下指堅實。"

廣陵派初期的另一位名氣較大的琴家古琅老人徐祺，《琴史續》中說他"篤志學琴，遂臻妙語，嘗以正琴學為己任"。徐祺雖與徐常遇同為揚州廣陵派

廣陵琴派史料陳列館，位於江蘇揚州，開館於 2007 年

的琴人，卻無師承關係，只是在琴學觀點上有所相似，比如都十分重視指法。

徐祺遊歷各地，遍訪琴士，研究各家的傳譜，積累三十餘年，編得《五知齋琴譜》。清朝時期廣陵派的琴譜中，要數《五知齋琴譜》流傳最廣，影響最深。一直到今天，琴譜都不斷再版，被稱為“有清集大成之正宗”。琴譜共錄曲三十三首，並在大部分的曲前都會注上所屬派別和彈奏要領，甚至有意境介紹、藝術處理等，為後世研究各派的傳譜提供了極有價值的資料。譜中有曲如虞山派的《神化引》《平沙落雁》《瀟湘水雲》，吳派的《烏夜啼》《樵歌》，川派的《風雷引》《胡笳十八拍》，等等。

徐祺對指法的要求也十分嚴格，所以在《五知齋琴譜》中有數篇都是關於指法的要領，例如《指法十要》《指下十善》《指下五動》《指下五能》《指法五忌》《左右指法名目象形》等。

廣陵琴派的傳譜數量比較多，對當時琴界甚至今天的琴界影響都很大。除了上述《澄鑒堂琴譜》《五知齋琴譜》，還有吳灴的《自遠堂琴譜》、秦維瀚的《蕉庵琴譜》、釋空塵的《枯木禪琴譜》，等等。

因為廣陵琴派比較注重左手的“吟”“猱”等指法運用，以及右手指法的

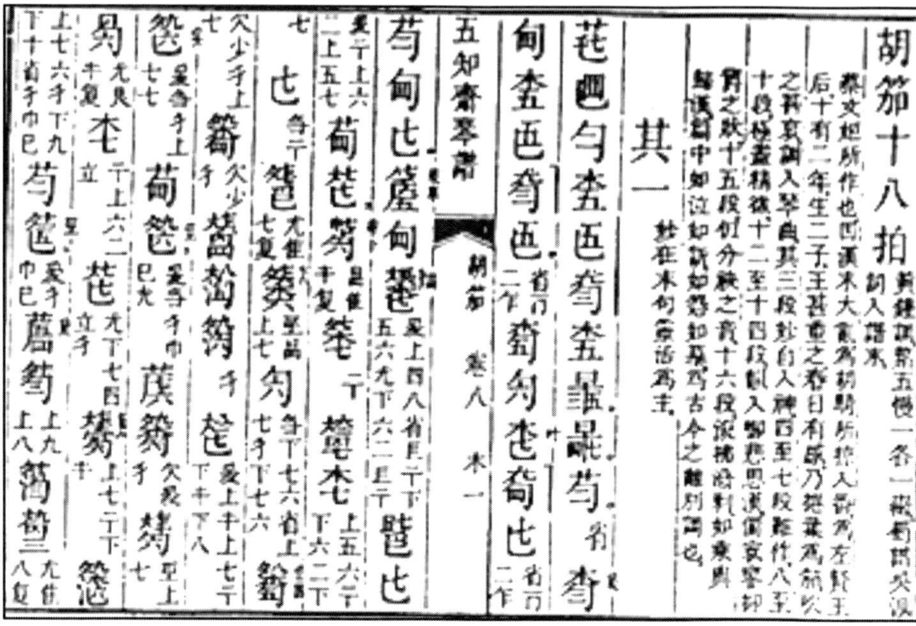

《五知齋琴譜》之《胡笳十八拍》曲譜節選

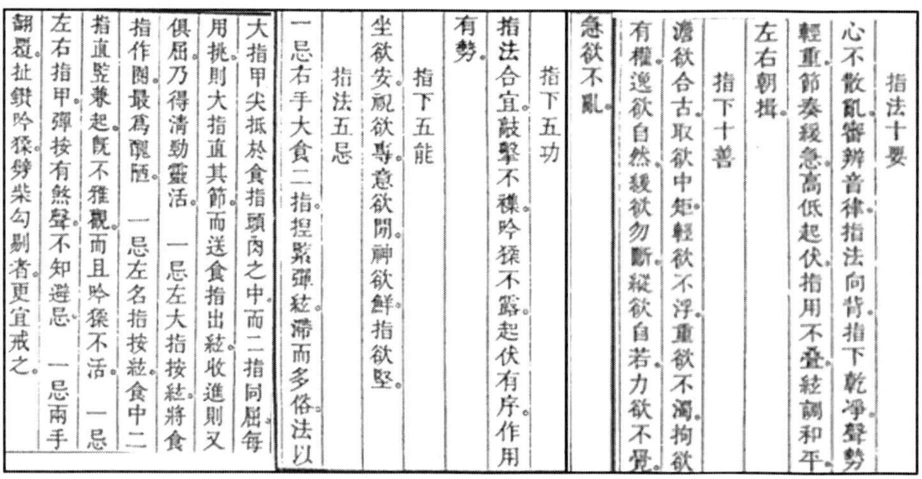

指法十要
心不散亂。審辨音律。指法向背。指下乾淨。聲勢輕重。節奏緩急。高低起伏。指用不疊。絃調和平。左右朝揖。

指下十善
濟欲合古。取欲中矩。輕欲不浮。重欲不濁。拘欲有權。逸欲自然。緩欲勿斷。縱欲自若。力欲不覺。急欲不亂。

指下五功
指法合宜。敲擊不襍。吟猱不露。起伏有序。作用有勢。

指下五能
坐欲安。視欲專。意欲閒。神欲鮮。指欲堅。

指法五忌
一忌右手大食二指。捏緊彈絃。滯而多俗法以大指甲尖抵於食指頭肉之中。而二指同屈。每用挑。則大指直其節而送食指出絃。收進則又俱屈。乃得清動靈活。　一忌左大指按絃。將食指作圓。最爲醜陋。　一忌左名指按絃。食中二指直豎兼起。既不雅觀。而且吟猱不活。　一忌左右指甲彈按。有煞聲不知避忌。　一忌兩手翻覆扯鋸吟猱。劈柴勾剔者。更宜戒之。

《五知齋琴譜》之《指法十要》《指下十善》《指下五動》《指下五能》《指法五忌》

多樣化，所以其琴樂風格為“跌宕多變、綺麗細膩、剛柔相濟、音韻並茂”。但廣陵派並不是只關注技法，還在琴樂實踐中滲透了傳統文人的思想，主張簡淡古樸、雅正中和之音。如《澄鑒堂琴譜》中有寫：“獨琴瑟君子斯須不去，猶存淳古淡泊之音。”“是故凡樂有音而琴為聖，凡樂有淫而琴為雅。人之工於琴者，則必沉潛於聖人之道，考正於雅淫之歸。”又如《五知齋琴譜》：“惟務中正古淡，悉屏靡曼新聲。”《自遠堂琴譜》：“派有南北，調分古今，要以大雅為宗也。”……

廣陵派作為清代古琴界中影響最大的琴派，在琴藝審美、琴樂技法、琴律等各方面都有著深入的研究，其琴譜琴論等的出版，為後世琴學的發展提供了十分豐厚的財富。

清代，琴歌也有一定的發展，以莊臻鳳為代表的琴人創作了許多琴歌，體裁短小，形式多樣，歌辭的藝術性較明代要強，歌辭也較有意境，但曲調能經得起時間考驗的為數不多。莊臻鳳著有《琴學心聲》，其中有文涉及琴律、斫琴、指法、造弦、樂論等，另有琴詩一百餘首，和莊臻鳳創作的琴曲如《空山磬》《修竹留風》《梨雲春思》等十四首，其中以《梧葉舞秋風》最為有名，這些琴曲大部分都配有歌辭。

除此之外，琴曲《忘機》《釋談章》創作者韓畕、《松風閣琴譜》編者程雄、《琴學正聲》編者沈琯、《立雪齋琴譜》著者汪紱等人，都是當時琴歌的作者代表。

還有一位著名的琴歌作者，便是重振日本琴道的東皋心越禪師，其所著的《東皋琴譜》以琴歌為主，曲體短小。《東皋琴譜》不僅對日本的琴學發展有著重大的意義，也為中國的琴歌研究提供很有價值的資料。

清代，琴人、琴曲、琴歌和琴譜的數

清代費丹旭《仕女撫琴圖》

量都很多，流傳至今影響較大的琴曲有《醉漁唱晚》《小普庵咒》等。琴譜琴論等著作除上述之外，還有《詩夢齋琴譜》《琴學入門》《悟雪山房琴譜》《德音堂琴譜》等。

可惜到了晚清，鴉片戰爭爆發，西方列強逼迫清廷簽署一系列不平等條約，中國逐漸淪落為半殖民地半封建社會，處於內憂外患的局面。彈古琴的人急劇減少，琴人們的琴學素養和演奏水準也有下降的趨勢，再加上古琴本身的局限性，古琴藝術開始走向衰落。據當今古琴大師李祥霆先生估計，清朝後期到近代這段時間，全國能琴者已不足兩百人。

九、近現代

1840 年，中英鴉片戰爭爆發，中國逐漸淪為半殖民地半封建社會。清朝末年，社會劇烈變革，古琴藝術漸而走向衰敗。對此，近代琴學大師、九嶷琴派創始人楊宗稷感歎曰："明以後至今三百年，名公巨卿以琴名者無一人焉，抱殘守缺僅二三十位布衣之人，何由提倡風雅乎？光宣之際朝廷大祀典禮太常樂部設而不作，用小麻繩為琴瑟弦以飾耳目，禮壞樂崩於斯為極！"楊宗稷說出了當時古琴的尷尬處境，名公巨卿無一精琴者，古琴音樂只靠著數十位平民布衣支撐著，甚至在朝廷的祭祀大典時，古琴也不過為飾人耳目之工具，可見當時古琴敗落如斯。

西方列強的炮火在中國國土上炸開，國人在奮力抵抗列強侵略的同時，本著"師夷長技以制夷"的原則，積極吸收西方的文化藝術。隨著國門的打開，西洋音樂開始在中國得以普及，成為近代中國音樂的主要形式，包括基督教會所傳的西方宗教音樂，還有海外留學生歸國帶回的西方音樂。最重要的是近代的學堂樂歌教育，促進了西洋音樂的傳播。西洋的音樂理念逐漸被國人所接受，興起了"學習西方音樂，批判傳統音樂，改造中國音樂"的思潮。隨著西洋音樂對中國傳統音樂的衝擊，古琴藝術也受到沉重的打擊。

匪石在 1903 年所著的《中國音樂改良說》中總結了中國傳統音樂相對落後的原因，他認為"古樂者，其性質為朝樂的而非國樂的"，"其性質為寡人的而非眾人的"，"無進取之精神而流於卑靡"，"不能利用器械之力"，"由於無學理也"。陳仲子在 1916 年所著的《近代中西音樂之比較觀》中也說中國的傳統音樂"聲音之單簡""節奏之粗略""曲調之陳舊""歌詞之鄙俚"。中國的傳統音樂急需改進，以融合新興的文化思潮。如此一來，更為打擊了古琴音樂的傳播和發展。

“五四運動”前後，當時的許多知識份子高舉著“打倒孔家店”的旗幟，開展新文化運動，向封建文化宣戰，連同中國傳統文化藝術，都被激烈抨擊。琴樂自然也不例外，被視為阻礙歷史進步的攔路石，是被摒棄的物件。如此雪上加霜，作為華夏傳統雅樂代表的古琴慢慢退出了人們的視野，開始經歷一段歷史上前所未有的低落期。

不過，縱然在沉重的打擊下，依然有人憑著對古琴藝術的癡愛，堅持不懈，艱難地向前推進。1919 年 8 月 25 日，在葉璋伯等人的推動下，蘇州怡園舉行了琴會，到會者有來自北京、上海、長沙、揚州等各地琴人共 33 人，且有 14 人在會上彈了琴。這次琴會雖然時間不長，但範圍較廣，可算是給古琴界注入了一點積極的影響。會後，葉璋伯還寫有《怡園會琴實記》，對這次會議進行了詳盡的記錄。

在怡園琴會的影響下，次年秋天，周慶雲、史量才等人在上海的“晨風廬”也舉行了一次琴會。這次琴會規模更大，與會者有百余人。不僅有琴人在會上演奏，還進行了座談，研究與琴學相關的問題。會上散發了周慶雲編著的《琴史補》《琴史續》《琴書存目》，這些著作補充了朱長文等人的《琴史》，是琴史研究的重要資料。“晨風廬”琴會後，刊有一冊《晨風廬琴會記錄》，羅列了當日來賓名單和琴會的日程，記錄下當時琴會的盛況。

當時有一批琴人並沒有受到反傳統的運動思潮影響，努力學習鑽研琴學，為振興古琴藝術四處奔走，不遺餘力。古琴家查阜西先生畢生都致力於琴樂的挖掘、整理、保護、傳承，他曾說過：“當集諸家琴說，參與新知，輯為琴譜，

蘇州怡園今照

查阜西

以圖振敝起廢。”為把古琴作為國樂引入學校教育，他找過原北大校長蔡元培先生，可惜在推行一段時間後還是以失敗告終。查阜西先生又去找胡適、趙元任等人，希望靠他們的影響力振興琴樂，卻還是到處碰壁。

查阜西並沒有因此氣餒。1934 年，他與琴家徐元白等人在南京組織了“青溪琴社”;1936 年，他又在蘇州和上海兩地與彭祉卿、李子昭、張子謙、吳景略、沈草農等人組織了“今虞琴社”，定期舉辦雅集，聯繫各地的琴人研學琴藝，並編印《今虞琴刊》。“今虞琴社”在當時琴界的影響較大，至今尚存。

查阜西的琴學研究涉及琴歌、琴律、琴調、琴譜、琴書的整理考證，琴曲打譜、斫琴造弦、指法研究等各個方面。在琴歌方面，他通過實踐研究，打譜恢復了《胡笳十八拍》《古怨》《漢節操》《蘇武》等琴歌，並寫有《琴歌辨》《琴歌譜例雜言》《琴歌的傳統和歌唱》等論著。琴律方面，他發表有《中國聲律之調停與琴之聲律》《律呂概論》等文章來介紹中西方的樂律，另還有《琴律研究》《中國五聲音階創作》等。查阜西還把歷代各種造琴和制弦的方法搜集整理成冊，編有《傳統造琴法》和《傳統造弦法》。另把各家技法，及其演奏風格、演變過程等資料整理歸類成《存見古琴指法譜字緝覽》一書；把各家琴曲傳譜、解題等彙集成《存見古琴曲譜緝覽》一書；主持編寫了《歷代琴人傳》，收錄了歷代兩千餘琴人的材料。

後來，以查阜西為首的北京古琴研究會的琴人編成一部集大成之巨作《琴曲集成》。這是一項規模浩大的工程，比較完整地收錄了歷代琴譜琴論，包括了三千余首琴曲的曲譜，即使有版本殘缺者，一律影印保存。這可謂是為古琴事業做出的一次壯舉，對琴學的發展有著極為重要的作用。

這一切都耗費了查阜西先生的大量心力，古琴藝術得以有今天的輝煌複興，必有他的一份功勞。後人稱他為"中國古琴學的拓荒者"，實不為過。

與查阜西先生同期的還有近現代琴壇的領袖人物管平湖先生。他數十年如一日，致力於古曲的挖掘，古指法整理、探索等琴學研究，同樣為近現代古琴藝術的發展做出了巨大的貢獻。

管平湖自幼喜歡古琴，多處求藝，集百家之所長。他出身於書香門第，父親是晚清宮廷畫家，他自小便隨父學琴學畫。1909 年，師從葉夢詩學琴，其後又師從張相韜學琴。1912 年，管平湖參加了"九嶷琴社"，師從九嶷派創始人楊宗稷學琴。1923 年，他向武夷山修行人悟澄學習指法和用譜規則，後來又向秦鶴鳴道長學習川派七十二滾拂《流水》。

他以獨特的琴風，自成一家，聞名於中外。琴家王迪曾說他的琴風是"樸素豪放而又雄健瀟灑，含蓄蘊藉而又情趣深遠，正如唐代大詩人李白所說'為我一揮手，如聽萬壑松'那樣的氣勢磅礴，獨具陽剛之特色"。

管平湖

管平湖所彈的《流水》指法堅勁、意境深邃，後來美國向太空發射的"航行者號"太空船上放置了一張可以迴圈播放的特製唱片，錄下 27 首全球音樂精品，其中便有管平湖彈的古琴曲《流水》。這也成了管平湖最具有代表性的演奏曲目。

1938 年，管平湖在北京組織了"風聲琴社"。1947 年，他與張伯駒、汪孟舒、溥雪齋等人組織了“北平琴學社”，該琴學社後於 1954 年改稱為“北京古琴研究會”。

管平湖在彈琴，王迪將曲子轉換成五線譜，圖摘自瑞典琴人林西莉《古琴》一書

管平湖最為突出的成就，是對傳統古曲的整理和發掘，並進行打譜，使絕響多年的古琴音樂重新煥發出生命力。管平湖曾說過：“發掘古譜確是目前古琴界一項關鍵性的工作，而打譜又是古譜發掘中最迫切、最艱巨的任務。打譜是要通過長期勞動，才能使書面上沒有標明拍子的古譜變成聲音。它的勞動程度，不亞於創作。”如此可見，古琴打譜之艱難。

他的打譜作品：據《神奇秘譜》打譜的琴曲有《白雪》《離騷》《大胡笳》《列子禦風》《遁世操》等；據《風宣玄品》打譜的有《廣陵散》《天風環珮》等；據《五知齋琴譜》打出的《良宵引》《胡笳十八拍》《秋鴻》；據《自遠堂琴譜》打出的《鷗鷺忘機》《龍翔操》《烏夜啼》《瀟湘水雲》《春曉吟》等；據《梅庵琴譜》打出的《關山月》……除此之外，還有《碣石調·幽蘭》《風雷引》《蔡氏五弄》《欸乃》，等等。

因為古譜中涉及的古指法比較多，所以管平湖在打譜的過程中也會對這些古指法進行深入的研究，並與王迪等琴家一起編著有《古指法考》，對各種疑難指法進行考訂，為後世研究古譜提供了十分重要的材料。

管平湖等琴家“無論是打譜的具體方法，還是打譜中對傳統琴樂精神的把握，對琴曲人文內涵的解讀，對疑難古指法的詮釋，對古琴特有的韻律、節奏氣息的掌握，對原譜訛誤的處置方法等方面，均積累了諸多的經驗。管平湖對待打譜的嚴謹學術態度，體現於對古指法的精細嚴密之考證，對改動指法所做的詳盡注解等方面。他在打譜中對節奏速度的合理安排，對原曲音樂形象的深入理解，對琴樂傳統的傳承與發展，無疑已成為現代琴人打譜之典範。”

近現代為古琴音樂貢獻出畢生心血的琴人還有很多，例如吳景略、張子

汪孟舒彈琴．王迪立於其右．許健立於其左．坐著聽琴的老人便是溥雪齋．圖摘於瑞典琴人林西莉《古琴》一書

謙、王迪、溥雪齋、汪孟舒、姚丙炎、顧梅羹、劉少椿等。他們大多都有著中國傳統文人的文化素養，秉承著傳統的華夏精神，把那種恬淡、淳厚的文人風骨帶到古琴音樂的意境中。今人評論他們是傳統琴人的最後一代，此話確實。當今社會，已基本不存在傳統意義上的文人階層。世界在進步，而對於那些已經失落衰亡的東西，卻只可於泛黃的書頁中方能找到他們的痕跡。

第三編　結構與譜法

古琴走過了漫長的歷史歲月，時至今日，其面貌已經有了很大的改變。從外在形式上我們能夠看出古琴的構造極為複雜精密，琴體豐富多樣，這些皆賴於其科學精湛的斫琴工藝。另外，古琴獨特的樂譜與指法，又為古琴增添了豐富的內涵和特色。本編將從古琴的結構、生產工藝、記譜打譜、指法等角度來闡釋。

一、寓意深刻的琴體結構

中國的古琴源遠流長，早期的古琴和現在我們所能看到的古琴有什麼不同？既然人們把古琴看成最能代表華夏民族精神之器，在其結構創制上，又被賦予了怎樣的意義？

我們先來看一下迄今考古出土的那幾張珍貴的上古之器：湖北隨州戰國早期曾侯乙墓出土的十弦琴、湖南長沙五里牌戰國晚期楚墓出土的彩繪琴、湖北荊門郭店村一號墓出土的戰國七弦琴、湖南長沙馬王堆三號墓出土的西漢早期的七弦琴……這些琴都出現在原楚國範圍內的湖南、湖北兩個省。它們的形制相似，基本都是琴面和底板分開；有效弦長比今琴要短；弦數在一到十弦之間不定（今琴有七弦）；共鳴腔是半箱體（今琴是全箱體）；琴體後還有一個琴尾，尾端稍往上翹（今琴沒有琴尾）；只有一足（今琴有兩個雁足）；面板上沒有標示琴徽（今琴有十三徽）；面板不平（今琴琴面平整）。

這種形制的音樂表現力比較薄弱，可見當時的琴藝和琴技都比較落後。而古琴首先是一種樂器，必須有樂器所具備的基本特點，所以琴的形制也會逐步發展，一直到今天我們所能看到的樣子。

至於琴是在什麼時候定型的，至今並沒有確切的研究說明，但是在南京西善橋南朝墓葬中出土了一副由三百多塊古墓磚組成的磚印模畫《竹林七賢與榮啟期圖》，其中嵇康所彈的琴已具備了全箱式的特點，整個琴體上面是圓的，下面是方的，在弦外面還分明看到有圓形的琴徽，已基本與今琴相似。可知琴至少在魏晉前已經定型了，並且經過不斷地完善，延續至今。

關於琴的論述基本一致，最具代表性的是東漢蔡邕《琴操》中的一段，對琴進行了詳細的解讀：“琴長三尺六寸六分，象三百六十日也。廣六寸，

曾侯乙墓出土的十弦琴，圖摘自林西莉《古琴》

象六合也。文上曰池，下曰岩。池，水也，言其平；下曰濱，濱，賓也，言其服也。前廣後狹，象尊卑也。上圓下方，法天地也。五弦宮也，象五行也。大弦者，君也，寬和而溫；小弦者，臣也，清廉而不亂。文王、武王加二弦，合君臣恩也。宮為君，商為臣，角為民，徵為事，羽為物。"

這樣看來，人倫尊卑、天地宇宙等傳統的人文思想在古琴形制上已經有了充分的體現，琴的每一部分都有著其特有的象徵意義。琴通體長三尺六寸五分（約 122 釐米），象徵著周天三百六十五度，一年三百六十五天；琴寬有六寸（20 釐米），代表著天、地、四方等六合；琴分上下，上面稱為"池"，即水，是平的，且長八寸（約 27 釐米），意為通八風；下面稱為"沼"，水流暗湧，長四寸（約 13 釐米），和合四氣；上下相融，喻天地間的氣息互通；琴體前面寬廣，後面狹窄，象徵君臣尊卑。琴面渾圓，效法於天；琴底平正，象形於地。

琴的弦外還有十三個琴徽，標示著泛音和按音的音位，象徵著一年有十二個月，最大的琴徽是中間的第七徽，象徵著閏月。琴面上本有五根弦，分別是宮、商、角、徵、羽五音，合金、木、水、火、土五行。五弦從粗到細依次排下，較粗的弦象徵君主，小弦象徵臣子，君臣有序。據說到了周文王的時候，文王為吊其長子伯邑考增加了一弦。後來周武王伐紂，又添一弦。由此，古琴七弦按順序分別代表了君、臣、民、事、物、文、武。

古琴由琴面、琴底、琴弦、琴徽等各部分組成，整個琴身依照人身鳳形而成，分明有了頭、頸、肩、腰、尾、足。古琴形制發展至今，融合了無數先賢的智慧，琴體設計源於自然，各組成部分也都被賦予了豐富的內涵寓意。

琴的前端為“額”，亦稱為“鳳額”。額後鑲有一根硬木片，上面鑽有七個小孔，小孔作用為弦眼，可穿系琴弦，因為小孔形似露珠，所以這塊木片也被稱為“承露”。承露緊靠著一條突出琴面的硬木塊，是琴的最高部分，用於架弦，形似屹立於大地之上的山嶽，故為“嶽山”，或名“臨嶽”。

嶽山再往下，兩側內收的稱為“鳳頸”，或“項”。琴體在頸下外擴，名為“肩”。在琴的下端，內收部分為“腰”。腰以下就是琴尾了，尾端鑲有一根硬木，被稱為“龍齦”，與嶽山一樣用以支撐琴弦。龍齦兩邊稍高的硬木，是“冠角”，又名“焦尾”。

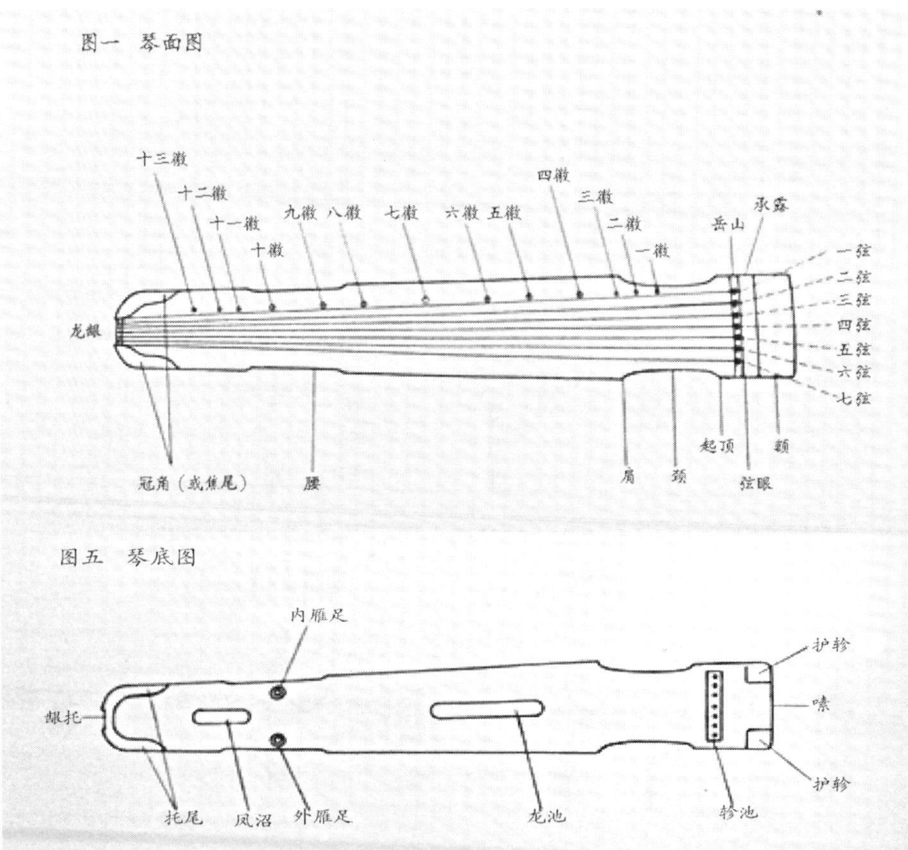

古琴琴面、琴底平面圖，圖摘自龔一《古琴演奏法》

琴面和琴底連著一塊月牙形的裝飾物，稱為“鳳舌”。從琴的背後看，琴弦穿下連著弦有七個琴軫，調弦之用。琴額後對的部位稱為“嗉”，兩側各有一個彎角，用以保護琴軫。護軫向下有個凹槽來放琴軫，為“軫池”。軫池內有七個小孔，是“軫眼”，通與承露上的弦眼。

琴的底部有兩個大小不一的出音槽孔，中部的孔較大，是“龍池”，尾部較小的是“鳳沼”。在兩孔之間大約九到十徽處安有一對“雁足”，琴弦上起承露，最後轉纏至雁足。尾部與龍齦相對應的硬木，是“齦托”，兩端鑲有“托尾”。

宋代石汝礪在《碧落子斫琴法》中提到“山高水長”：“岳山”如高山矗立在前，在“承露”被承接起的水源於此向琴身流去，便是琴弦了；水流向琴底，藏於龍池鳳沼之中。這樣的結構設計，處處體現水的意境。水的清圓透潤，不正是琴的音色所需嗎？

我們從古琴各個部分的名稱可多見“龍”“鳳”的痕跡，這與中華文化中龍鳳圖騰崇拜有關。圖騰崇拜是最原始的宗教觀念之一，也是人類歷史上最古老的一種文化現象。在社會生產力低下的情況下，人們對無法解釋的自然現象感到無力與恐懼，加上猛獸、疾病等威脅，讓人們從心底深處極度缺乏安全感，從而把希望寄託於神靈，圖騰文化隨之而生。

我們以“龍的傳人”自居，卻沒有人真正見過龍。龍也許僅是融合了原始先民的想像和祈盼的一種符號，包容著人們所希望的各種神性和人性。聞一多先生在《神話與詩·龍鳳》中說過：“就最早的意義說，龍與鳳代表著我們古代民族中最基本的兩個單元——夏民族和殷民族……人們依稀看出，龍是原始夏人的圖騰，鳳是原始殷人的圖騰。因為歷史上殷夏兩個朝代，已經離開圖騰文化時期很遠，而所謂圖騰者，乃是遠在夏代和殷代以前的夏人和殷人的一種制度兼信仰。因之把龍鳳當作我們民族發祥和文化肇端的象徵，可說是再恰當沒有了。”

而龍圖騰作為華夏民族最具有代表性的象徵，其產生並不僅僅是先民的精神皈依這麼簡單。在歷史的發展過程中，人們根據需要賦予了龍許多的特征。首先，據說龍有鹿的角、鷹的爪、魚的鱗、蛇的尾，可見在人們的想像中，龍就是多種動物結合的一種神物，具有極大的包容性。

其次，龍成了君主的象徵，帶有明顯的政治色彩。傳說伏羲驍勇善戰，

大同的九龍壁

又擁有過人的智慧，最終團結起各部落，建立屬於自己的部落聯盟。在這個故事裡，伏羲是人首龍身的神皇。在那個英雄崇拜的時代，龍與封建皇權統治總有著不可分割的聯繫。而且，龍也體現了中華文化中團結的精神。

再者，華夏民族是以農耕為主的民族，農耕文明決定了華夏文化的特徵。人們認為龍可以興雲降雨，無所不能。在龍的庇佑下，必能風調雨順，年年豐收。在《山海經·大荒北經》中就有說："應龍……乃去南方處之，故南方多雨。"

鳳圖騰亦是如此，鳳是能帶予人間祥瑞安寧的神物，也結合了人們各種美好的願望和聯想。龍鳳自古被賦予了許多中華民族的優秀品質：正義、善良、智慧、力量、團結、和諧等。龍鳳呈祥，是多麼美好的祝願！

如此一來，我們就不難理解，作為我們傳統音樂代表的古琴，為什麼大部分的組成結構都冠以"龍"與"鳳"之名。

二、豐富多樣的歷代琴式及傳世珍琴鑒賞

一般來說，琴的形制是相同的，無論是長寬尺度，還是內部結構，都基本相似，而外形卻有各種的樣式。《太音大全集》中列有三十八種，而清譜《五知齋琴譜》已有五十一種，至今流傳下來的稀世珍琴實物有伏羲式、神農氏、仲尼式等十多種。

各琴式的創始並不能一一確定，可能是在琴的歷代發展中，斫琴者為了音色的改進和琴外觀的優美，對琴的樣式進行各種改革修正。不同樣式的琴區別並不大，通常的改變在於琴頭的形狀、琴頸和琴腰內收弧度的大小。

雖然琴式有數十上百種之多，但是常用者也不過十幾種，而琴式命名一般也只有兩種情況，一是以人名來命名，以表達對聖人的追崇；一是以物象來命名，以表達自然融和之道。以下選取常用的一些琴式做簡單的介紹。

1. 以人名命名的琴式

（1）仲尼式

仲尼式當是現今最普遍的琴式，也是傳世的古琴中所見最多的樣式。在《中國古琴珍萃》所收錄的一百零九張歷代名琴中，仲尼式便佔有六十多張。仲尼式，又稱作“夫子式”，因命名與古代大思想家、大教育家、儒家思想創始人孔子有關，所以有人說這是由孔子設計創制的，這種說法並無確切史料證明，暫時存疑。

仲尼式確實符合儒家中正平和的思想，它的線條簡單典雅、明朗不張揚，

在琴頸和琴肩之處略收一弧形，在琴腰處收一方條形，便是如此，沒有其他的修飾。又因為內收形狀有圓有方，符合儒家尊崇的中庸處世之道，歷來受到文人儒士的喜愛。正是仲尼式簡潔、大方、流暢、含蓄的特點，所以斫琴的難度相對於其他琴式較小，這也是其容易流行的一個原因。

據說仲尼式在唐代以前並不十分普及，直到宋代崇儒尊孔加甚，該樣式才在文人中流行開來。

下列幾張仲尼式的歷代名琴，以供讀者鑒賞。

唐代仲尼式名琴“梅花落”，黑漆間紅黃色，蛇腹斷紋；琴背龍池上刻“梅花落”，為 1963 年上海琴家沈草農先生題名；龍池內刻楷書“大唐武德元年歲次戊寅”十字。

宋代仲尼式名琴“萬壑松”，黑漆，蛇腹間牛毛斷紋，現藏於故宮博物院。背面龍池上方刻楷書“萬壑松”，兩側刻文“九德兼全勝磬鐘，古香古色更雍容。世間盡有同名器，認爾當年萬壑松。”

宋末元初仲尼式名琴“龍吟虎嘯”，此琴由宋末元初著名書法家松雪道人趙孟頫所制，黑漆，蛇腹斷紋，琴背龍池上刻隸書“龍吟虎嘯”，字下面鑲有一玉，琴腹中左刻有“松雪道人識”五字。此琴據說是近四十年所見保存最完整的宋琴，在 2004 年榮寶春季拍賣會中，以 385 萬人民幣成交，被著

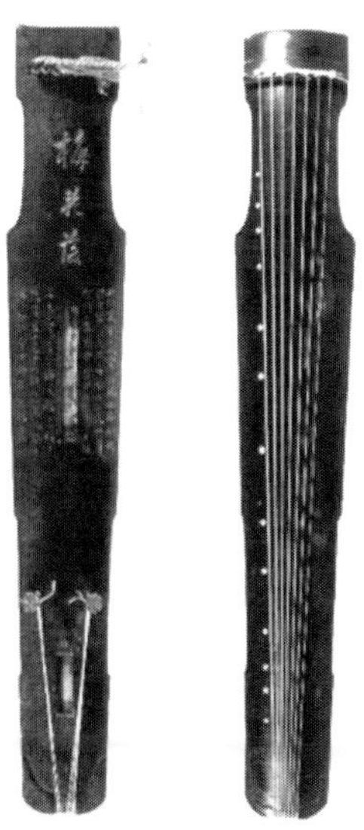

唐代仲尼式名琴“梅花落”

宋代仲尼式名琴“萬壑松”

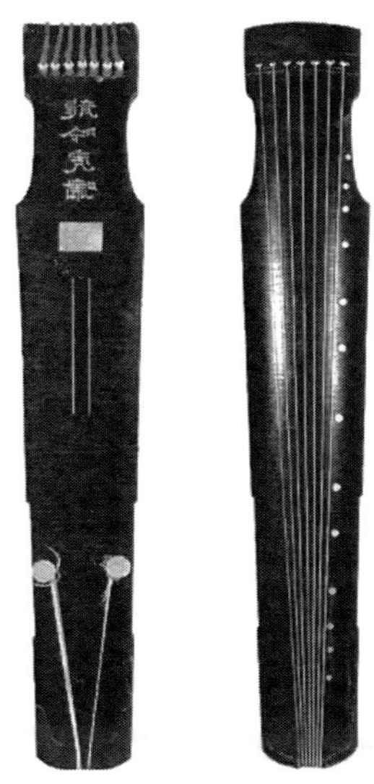

宋末元初仲尼式名琴“龍吟虎嘯”

名書法家許麟廬之子許化遲先生收藏。

（2）伏羲式

伏羲是中華民族的人文始祖，伏羲文化具有獨特的中華精神文化價值，是中華文明之經典。有人說，伏羲不僅是人文之祖，還是智慧之靈、教化之聖、鑄魂之師。關於伏羲造琴說，其支持者佔有多數。凡研究古琴的學者，也都要先接觸伏羲文化。

伏羲式是聖人造琴的一種，據說是最古老的一種樣式。在《太音大全集》等中收錄的伏羲式琴樣式：圓首，琴頭和琴腰處各有半月弧形。今傳的伏羲式與古刻本所不同的是，在琴腰處多了一個內收弧形，即雙連弧形腰。

說到伏羲式名琴，就一定要提起以下的這幾張古琴。唐代伏羲式名琴“九霄環佩”，據說是盛唐開元年間斫琴世家雷氏所制，號稱“鼎鼎唐物”，為雷

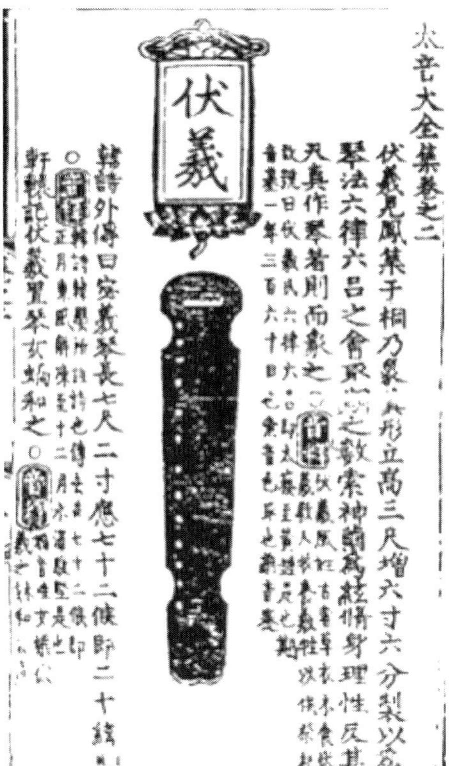

《太音大全集》中伏羲式琴樣式

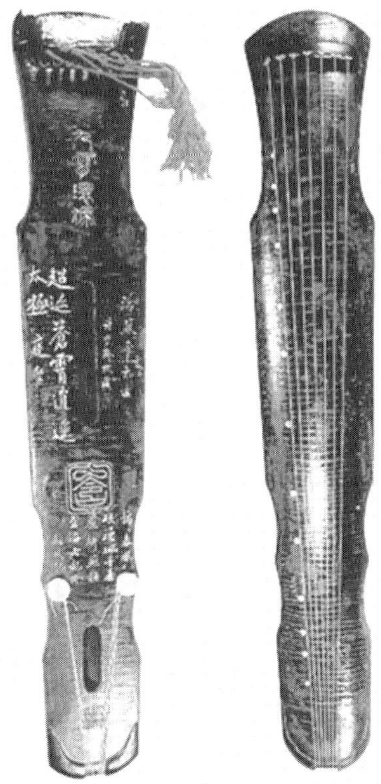

故宮博物院所藏伏羲式唐琴“九霄環佩”

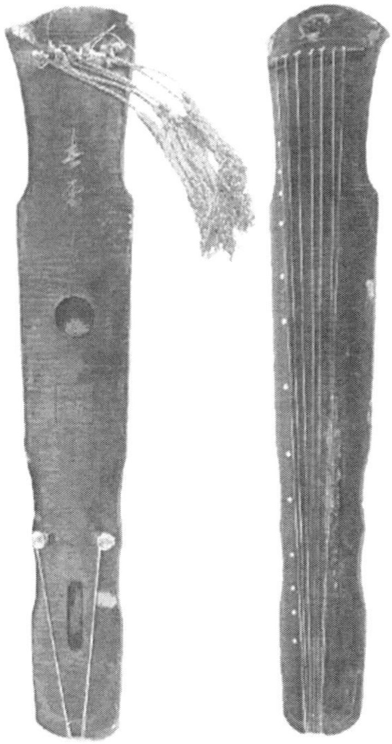

唐代伏羲式名琴“春雷”

琴極品。琴面梧桐木，琴底杉木，鹿角灰胎，紫栗殼色漆，小蛇腹斷紋，間有牛毛斷紋。

琴背龍池上方刻篆書“九霄環佩”，龍池右側刻行書“超跡蒼霄逍遙太極庭堅”十字，左側刻有“泠然希太古，詩夢齋珍藏”十字。這詩夢齋主人便是清代著名琴家詩夢居士，葉赫那拉·佛尼音布。龍池下方刻有篆書大印“包含”，取“包含萬有”之意。雁足上刻楷書“靄靄春風細，琅琅環佩音。垂簾新燕語，蒼海老龍吟。蘇軾記。”現為故宮博物院收藏。

現存唐琴中名為“九霄環佩”的琴共有四張，另有三張一在中國歷史博物館，一在遼寧省博物館，一在2003年嘉德拍賣會上被何作如先生競得，與當今古琴大師李祥霆先生形影不離的“九霄環佩”琴便是何作如所得的這張。

唐代伏羲式名琴“春雷”，為唐代著名斫琴家雷威所制，國家一級文物，現為大連旅順博物館收藏。桐木，黑漆，蛇腹斷紋，加有細密的流水斷紋，龍池圓形，鳳沼扁圓，池沼裡面沒有腹款題字。琴背龍池上刻有草書“春雷”，龍池下方刻有一方篆書大印“滄海龍吟”。

李祥霆先生曾親上一弦並奏之，當場筆紙題下“國寶春雷聲韻入心蒼古奇偉”十二字。千年古琴得以發聲，實為讓人心情激動之事。

（3）神農式

神農為傳說中的太陽神，華夏太古三皇之一，嘗遍百草而授人以醫，並製作生產工具，指導人們開始了農耕，推動了人類社會的進步。神農式亦屬於聖人造琴中的一種，與伏羲式相似，所不同的只是琴腰處只有一個弧形。

唐代神農式名琴“一池波”，朱黑兩漆相間，八寶灰胎，龍池呈圓形，鳳沼呈方形。龍池上刻有“一池波”，字下方有數行小字，為“今虞琴社”創辨人之一的琴家沈草農所題："春風吹綯豈干卿，底事當時此定名。應有遊魚爭出聽，曾翻太液浪花生。阜西得舊琴曰一池波，琴面破損有空如□，益堂為修復之，天衣無縫，雅韻重賡，巨眼神工，一時瑜亮，喜題俚句，並志鴻爪。癸卯首夏草農識，益堂鐫，阜西藏。" 可見此琴曾為琴家查阜西所藏，龍池下有兩個大方印。

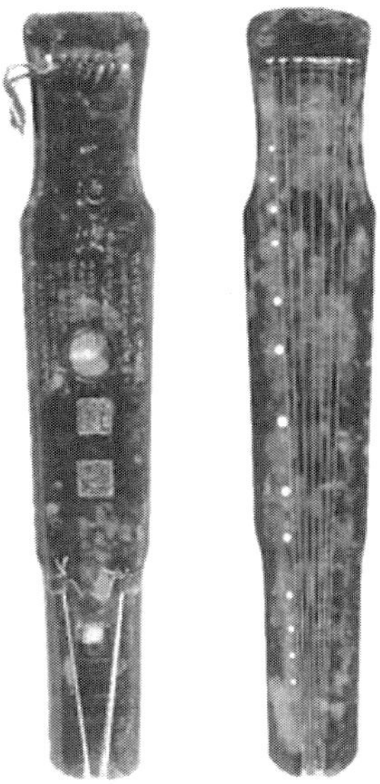

唐琴"一池波"

（4）其他

另有其他以人名命名的琴式，如師曠式（即月琴式）、師襄式、子期式、列子式等，此處不一一介紹，圖示列下：

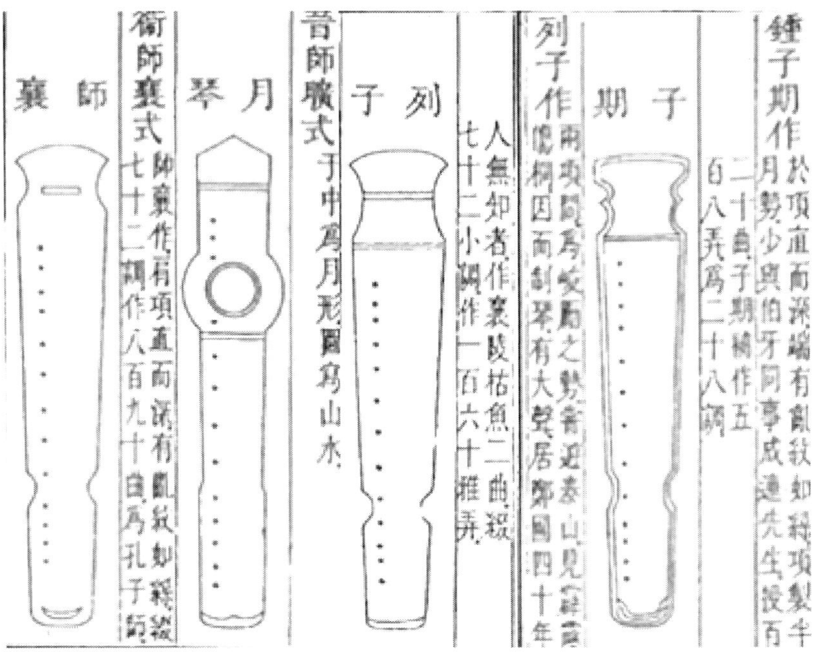

《五知齋琴譜》載師襄式、月琴式、列子式、子期式

2. 以物象命名的琴式

（1）連珠式

連珠，顧名思義，是串接連成的珠子。看到連珠式的實物或樣圖，便知其式是典型的以物象命名。琴是方首，在琴頸和琴腰處分別內收三連弧形，遠看好像兩串珠子，“連珠合璧重光來”，仿似把美好的事物都聚集在一起。

連珠式這樣玲瓏精巧的古琴樣式，為隋代民間的一位琴師李疑所創。傳其在自己所彈的琴腰部兩旁飾以連珠彩弦，便是如今的連珠式。所以李疑也被世人稱為“連珠先生”。

著名的連珠式唐琴“飛泉”，傳為晚唐雷琴，現藏於故宮博物院。朱漆，小蛇腹斷紋，間有牛毛斷紋，琴底有冰紋斷。琴面弧度渾圓，略呈拋物線形，龍池和鳳沼皆為方形。龍池上方刻草書“飛泉”，下面刻篆文方印“貞觀二年”。龍池下方有兩印，分別刻有“玉振”和“金言學士盧贊”。龍池兩旁刻有篆文 32 字：“高山玉溜，空谷金聲。至人珍玩，哲士親清。達舒蘊志，窮適幽情。天地中和，萬物鹹亨。”

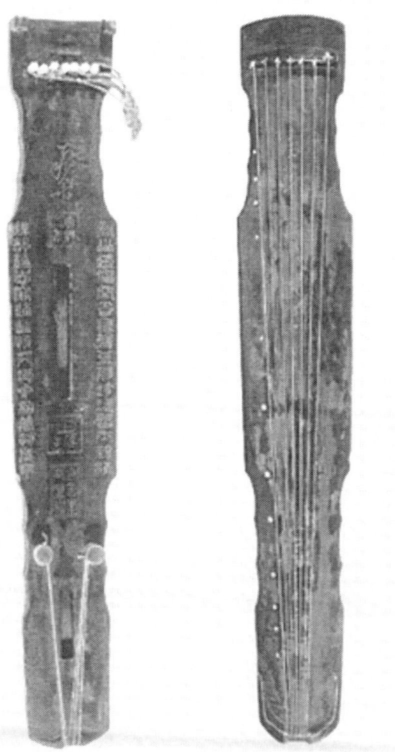

連珠式唐琴“飛泉”

（2）落霞式

言及“落霞”，必想起晚天中那一抹最後的絢麗，秋水落霞，自是撩人心懷的景色。王勃便有“落霞與孤鶩齊飛，秋水共長天一色”的好句。“落霞琴，寥寥山水揚清音”，方頭，琴的兩側呈對稱的波浪曲線，起伏流暢，仿若變幻續斷的晚霞。

最著名的落霞琴當數明代的“壑雷”，此琴曾為吳景略先生所藏，黑漆，

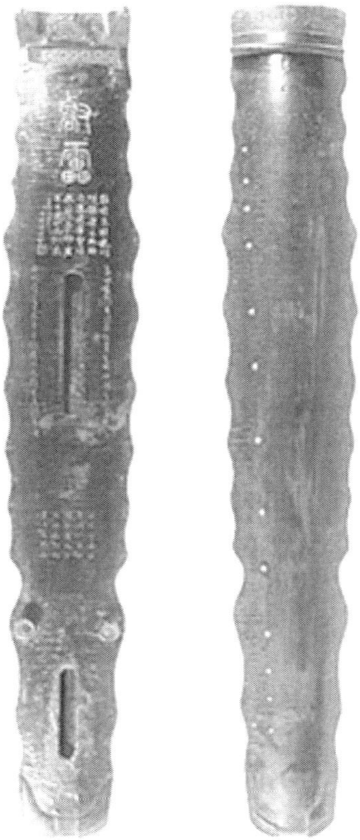

明代落霞式古琴“鏨雷”

明代蕉葉“祝公望琴”

修以朱漆，蛇腹斷紋，間有牛毛斷紋，龍池和鳳沼皆呈扁圓形。

（3）蕉葉式

蕉葉式琴形若一片芭蕉葉，琴邊輕微起伏，線條婉轉如緩緩流淌而出的音樂，惟妙惟肖。因蕉葉琴別具一格的樣式，其製作工藝是琴式中最為煩冗的一種，所以對斫琴人的技藝要求非常高。

蕉葉式琴琴首為葉柄造型，代替了其他樣式琴首處的護軫。琴面岳山處向琴身方向中央有一條長線凹溝，琴底相應位置則是凸出來的，這裡便是葉莖。琴邊像葉邊參差一樣，曲線自然，舒卷自如。整個蕉葉式琴造型精美雅致，從古至今多為琴人所愛。

蕉葉式琴傳為元末明初劉伯溫所創，另一說則是明代斫琴大師祝公望創制。明代高濂曾說：“若祝海鶴之琴，取材斫法，用漆審音，無一不善，更是漆色黑瑩，遠不可及。其取蕉葉為琴之式，制自祝始。”

湖南省博物館藏有一張祝公望蕉葉琴，黑漆，薄鹿角灰胎，杉木制，紅木雁足，蚌徽，琴面有牛毛斷紋，琴底為冰裂斷紋間有牛毛斷紋，扁圓龍池鳳沼，腹款“龍丘祝公望斫”，沒有銘文和印鑒。

鳳勢式唐琴“春雷”

《五知齋琴譜》載正合式、雙月式

（4）其他

另以物象命名的琴式還有：鳳勢式、雙月式、正合式，等等。

三、精細科學的斫琴工藝

宋代著名琴史家朱長文在其《琴史·盡美》中說道：“琴有四美：一曰良質，二曰善斫，三曰妙指，四曰正心。”斫者，本意為“用刀、斧等砍劈”，引為刀斧劈木制琴。斫琴是一道繁雜精細的工藝，並非由兩塊木板簡單拼接黏合便成的。當代斫琴家王鵬先生說，製作一張琴比較合理的時間應該是兩年，可見斫琴極為耗費心血。

我們可以看一下一張古琴是如何做出來的：

所謂“工欲善其事，必先利其器”，斫琴首要是選材。古人選木之講究，傳下許多美好的故事。東漢的蔡邕聞火燒梧桐聲而辨得良木，從而火中搶下制得中國古代四大名琴之一的“焦尾”琴，便為一例。史料中又有記，唐代著名的斫琴家雷威，逢風雪天深入峨眉山，聽連綿悠揚的松聲，選得好的斫琴用材，認為這種松木“妙過於桐”，制得“松雪”琴，又為一例。雷氏也曾說過：“選材良，用意深，五百年，有正音。”可見選材於斫一張好琴來說十分關鍵。

宋代沈括在《夢溪筆談》中提到，琴材有四善：輕、松、脆、滑。這也是選古琴木材的前提，木質要選較輕的，木材要松透有脆性，打磨後要光滑。沈括還說了一些自己選材的經驗，以實踐解釋了四善。他認為琴材最好用桐木，但是要待到多年的木性盡失後，琴的聲音才開始清越。他曾見過唐初的路氏琴，其木已經枯朽，沒辦法下指彈奏了，但是聲音還是很清亮。他說他還見過越人陶道真所藏的一張越琴，相傳是用古墓中朽杉棺木所做的，聲極勁挺。而吳僧智和有一張琴，瑟瑟徽碧，紋石為軫，制度和音韻都非常好，琴腹題有篆書：“南溟島上得一木，名伽陀夢羅，紋如銀屑，其堅如石，命工斫為此琴。”沈括的這些例子，都說明了良材對古琴發聲之重要，而且這些說法在很久之前已經開始出現了。那應該怎麼選取好的木材來斫琴呢？

一般的說法，斫琴最好用老的木材。當然，老至腐朽的木是不能用的。已經黴爛，被蟲子蛀蝕的木也不能用。老木木性相對穩定，而彈琴者也不容易有燥火。所以斫琴者會為找到一些出土的棺木或者老房子的木房梁而興奮不已。

“古材最難得，過於精金美玉。”在這個年代，想找到好的老木已經不容易，當代的斫琴家縱有高超的技藝，也難為“無米之炊”。在良木資源越來越短缺的情況下，有些斫琴者會用高溫來處理新木，例如用火烤。這樣處理出來的新木，雖能勉強滿足琴木松透的要求，卻木紋已斷，不及自然風乾的老木音色要好。

當然木材不是越老越好。王鵬先生就介紹過四川的陰沉木，其木是數千年前地質變化時藏於河床下的楠木，因為長時間沉積而吸附了大量礦物質，所以陰沉木木質堅硬，雖然是數千年前的木材，也不適合用以制琴。

關於選材，《天聞閣琴譜》中說道：“天下之材，柔良莫如桐，堅剛莫如梓。以桐虛合梓之實，剛柔相配，天地之道，陰陽之義也。”古人在選木時，一般琴面用桐木，材質疏鬆，便於振動發聲，而且紋理要順直，寬度要均勻。但是桐木根部比較堅硬，尖稍又較軟，所以要選擇軟硬適中的地方，又是一番學問。琴底用梓木，質地較厚密，便於產生共鳴。所以面桐底梓，可以桐之柔配梓之剛。當然，這並不是必須如此。正如雷威所選，好的松木比一般桐木要合適，好的杉木亦可。而琴底也可以用比較硬的好雜木代替。

《詩經·鄘風·定之方中》：“樹之榛栗，椅桐梓漆，爰伐琴瑟。”可見在衛文公時已經在用桐木和梓木來制琴瑟了。

木材為什麼會有陰陽之說，又如何去辨別木之陰陽，其陰其陽對於斫琴又有什麼幫助呢？

木材在自然生長的過程中，會受到風雨寒暑等各種因素的影響，同一木材不同位置或者是不同木材的軟硬度不同，軟的稱為“陽”，硬的稱為“陰”，這樣分出陰陽木。選琴材一般按照陰陽之道，選取琴面為陽、琴底為陰的木料，是符合科學原理的。

辨木材陰陽有很多方法，可以看木材的截面，觀察年輪，寬鬆色淡的為陽，緊密色深的為陰；又可以把木材放入水裡，陽者仰起於水上，而且吸水較多，陰者覆在水下，吸水較少；把木材拿起來晾乾，先乾的就是陽，後乾的就是陰；再可以聽聲、聞氣、嘗味等各種方法分辨出木之陰陽。

當然，這些選木的方法都只是前人的經驗，斫琴者們在製作的過程中也嘗試過多種琴材和製作方法，不斷進行改善和創新。例如"百衲琴"的出現，琴木並非整木，而是由眾多的小木塊粘鑲而成，只是"木不成段，聲必不應"，百衲琴的音色應該並不理想，所以現在又出現了"假百衲"。還有人做過"純陽琴"，琴面和琴底都用桐木，或者是"純陰琴"。王鵬先生也用過別人認為軟硬度不適合做琴的白松和沉香木製成音色不錯的古琴。只要符合科學的原理和傳統琴學的審美觀，萬事並無定論。

《夢溪筆談》裡道："以琴言之，雖皆清實，其間有聲重者，有聲輕者，材中自有五音。"琴材之於琴音，是十分重要的因素。除面底木材外，嶽山、承露、冠角、龍齦、雁足、琴軫等小配件也有講究，多用紫檀木、紅木、花梨木等硬木，特別是岳山和龍齦，用以承弦，不能用比較軟的木料。

除了琴材，琴弦也是影響音色的重要材料，現在的古琴所用琴弦一般為鋼絲尼龍弦和絲弦。

自虞舜時代，人們開始養蠶，便學會了用蠶絲制弦。用柘樹葉養的蠶所吐的絲，富有彈性和韌性，制出的絲弦也較為結實。

絲弦彈出來的音色，韻味淳厚、圓潤蒼古、柔和悠長、細膩飽滿，這些都是其他材質所制的弦無法比擬的。絲弦韻長，溫潤沉厚，表現力很豐厚，所出的音能直抵人心。正如有人所說："絲弦之美，在其柔韌而長，潤澤而寬，清麗而圓，別有一種戛玉之趣、懷古之思。"

古琴的七根弦長度是基本一樣的，粗細卻不同，最粗是第一弦，空弦音最低，依次變細，最細的是第七弦。據記載，七根琴弦的組成絲弦條數並不一樣，最多最粗的有 108 條，然後是 96 條、81 條、72 條、64 條、54 條、48 條。

在實踐過程中，絲弦也表現出很多的弱點。雖然絲弦較有韻，音量卻很小，甚至在細微處連彈琴者都聽不到。如此，絲弦便只適合獨自或三五好友賞品，而不適合在大聚會或者大場合使用。

絲弦容易斷弦，特別是第七弦較細，更容易斷。所以稍差的絲弦不能調至標準音高，否則一曲未完，音準可能就變了，甚至會出現斷弦的情況。而且絲弦表面較為粗糙，走弦時不僅會出現較大的雜音，而且手感也不太好，當然這在適應後會有所好轉。

絲弦的製作複雜，售價較高，一般初學者都會選擇鋼弦。與絲弦相比，鋼弦自然缺少了一種古樸雅澹，若彈琴者技藝不夠高，指下力度控制不夠，弦音便會空躁，聽起來也會因為韻少而乏味，最受影響的還是走手音，始終不及絲弦的表現力強。

但是鋼弦也有絲弦不能比的好處，這也是現在越來越多人用鋼弦的原因。首先，鋼弦比較耐用，不容易斷，除了經濟原因，也少去許多麻煩。而且鋼弦張力較大，可以輕鬆地調到標準音。

二則，鋼弦的音量也比絲弦大，音色也較之明亮。當然，由於古琴本身的音色特點，鋼弦的音量始終不適合舞臺，而加了擴音器材的琴音多少也會失了一點味道。再則，鋼弦表面比較光滑，減少了雜音的同時，也減少了手指的疼痛感。

鋼弦和絲弦各有千秋，此處便不多做評議了。斫琴工藝首先是選好良材，然後決定所要做的琴式。把面板和底板粘合起來，形成共鳴箱。處理好槽腹的結構後，還需要做一道十分重要的工序，就是髹漆，在古琴木胎上髹上厚厚的灰胎，這也是琴與箏等樂器的區別之一。

為什麼要髹上灰胎？灰胎又是由什麼材料製成的？

其實在古琴的演奏過程中，更多的指法是右手彈，左手在走弦。琴的面板一般木質較軟，長時間的按壓會磨損，影響發音。髹上灰胎可起到防潮耐磨的作用。

另有一個原因，琴的發聲主要是靠面板震動，底板反射面板震動所發出的聲音，形成體振，讓聲音外揚。而古琴音樂追求的是中正平和之音，不適合過於明亮的音色。所以在琴體上髹上灰胎，可以阻礙共鳴體振動發音的傳播，以達到琴音圓潤沉厚的效果，也符合儒家中庸之道。

灰胎的主要成分一般為大漆和鹿角霜。如果僅用大漆塗抹琴體，音質確實鬆透，卻不耐磨損，容易開裂，加了鹿角霜可得以改善。鹿角霜即為鹿角去了膠質後的角塊，可透音蓄音，使琴音聽起來更古樸細膩，意蘊悠長。

但是這樣製成的灰胎不容易乾，塗抹在琴體後大概要一周到十天才可表乾，而且起碼要塗抹多遍才算完成，這個過程用時太長，所以有些急於求成的斫琴者會用化學漆代替。只是化學漆產自石油，不僅傷手，而且會把聲音困在琴體腔內出不來，所斫之琴的音色可想而知。

琴的木胎和灰胎漆層經過長期的漲縮，加上長年風化和振動等原因，琴面上會出現各種斷痕，這就是我們常說的"斷紋"。

斷紋需經年累月而成，上百年甚至千年的時間，才可能產生，所以斷紋是古琴年代的標誌。這樣的裂痕非但不是瑕疵，而且還十分珍貴。斷紋形狀優美自然，又顯無窮變化，深受琴人的喜愛，且是鑒賞者鑒定古琴的依據之一。

關於斷紋，明代《潛確類書》有寫道："古琴以斷紋為證，不歷數百年不斷。有梅花斷，其紋如梅花，此為最古。有牛毛斷，其紋如發千百條者。有蛇腹斷，其紋橫琴面，相去或一寸，或半寸許。有龍紋斷，其紋圓頭大。有龜紋斷、冰裂紋不等。以有劍鋒聳起者為真。"

可見斷紋的形狀有很多，而且一張琴可呈多種斷紋。蛇腹斷和牛毛斷較為常見。蛇腹斷紋節節相似而且幾乎平行，如蛇腹下紋。牛毛斷紋則細密繁多如牛毛，常見於琴的兩側。除此之外還有流水斷，斷紋比牛毛長，紋路不規則，如流動的水。梅花斷，形狀圓如梅花瓣，人們認為此紋最古。《琴書大全》中道："此非千餘載不能有也。"還有冰裂斷、龜紋斷、龍紋斷等。

斫琴的最後一道工序就是上弦，一般先上五弦，纏在右雁足上，然後是六弦、七弦。因為六弦、七弦最細，容易斷，這樣的纏法在換六弦、七弦時可不用解開其他的弦。然後依次把一、二、三、四弦纏在左雁足上。

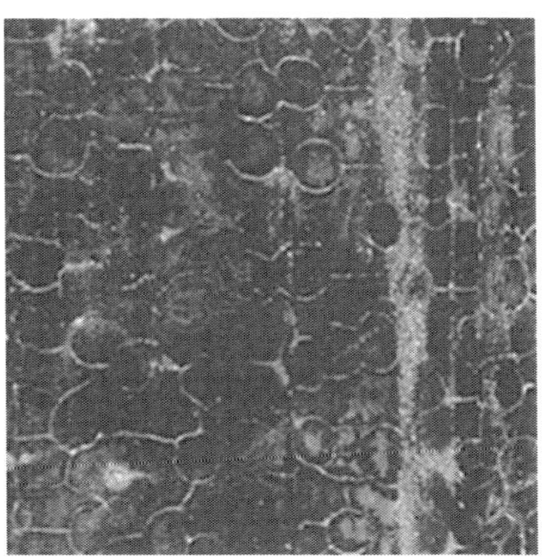
梅花斷

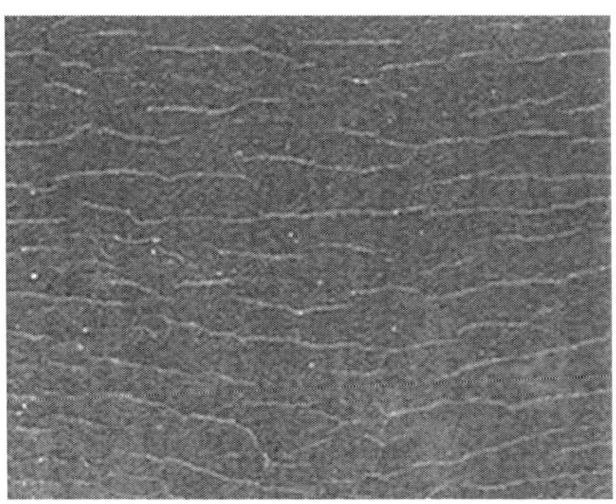
流水斷

安弦正面圖、安弦背面圖

弦頭與琴軫的連接靠的是絨扣，《琴學入門》詳細圖解了如何把絨扣和琴軫系結在一起，如下圖。

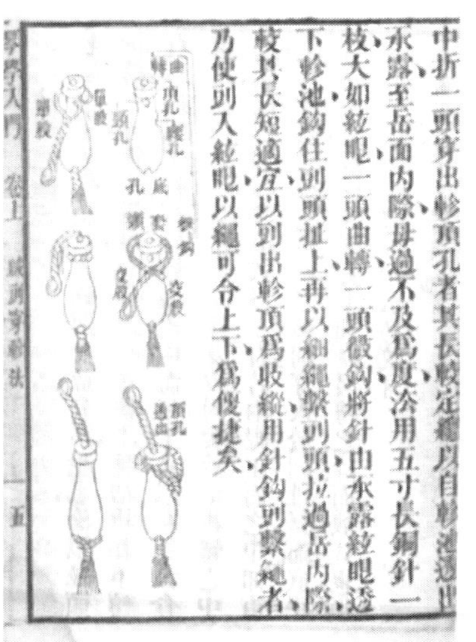

琴學入門　卷上　絨頭穿軫法　五

中折一頭穿出軫頂孔者其長較定纔以自軫池透出承露至岳面內際毋過不及爲度法用五寸長銅針一枚大如絃眼一頭曲轉一頭鑽鈎將針由承露絃眼透下軫池鈎住到頭扯上再以細繩繫到頭拉過岳內際較其長短適宜以到出軫頂爲收縱用針鈎到繫繩者乃使到入絃眼以繩可合上下爲便捷矣

絨扣穿軫法

而弦頭固定後所打的繩結也是有技巧的，最後結成兩個小圈如蠅頭一般，弦結不宜過大或過小。打結方法如下圖。

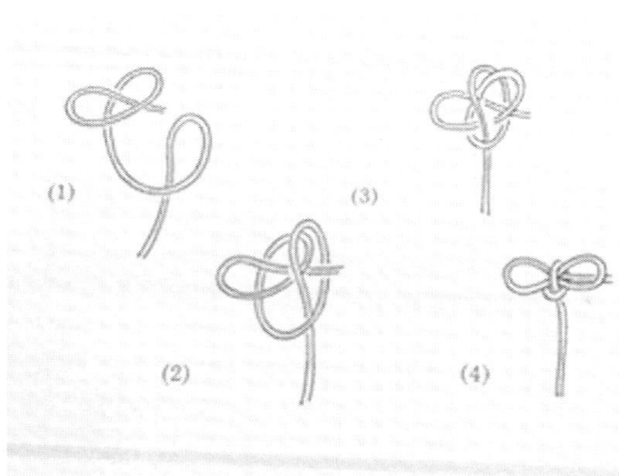

圖選自龔一《古琴演奏法》

唐琴“大聖遺音”的銘文

一張精心斫制的古琴，一般都會刻有印章銘文。斫琴者會為自己的琴起一個名字，如名琴“號鐘”“繞梁”“綠綺”“焦尾”“飛泉”“春雷”“大聖遺音”“九霄環佩”等，以寄託斫琴者的情志。琴名通常會刻在琴底龍池上方。斫琴者還會在琴的槽腹等處題上自己的名字和琴製成的時間等資訊，這些資訊為後世鑒琴者提供了很多有用的資料。

也有斫琴者根據自己對自然對生命的感悟，在琴上題寫琴銘，或是一首詩，或是一段小文。例如唐琴“大聖遺音”龍池兩側刻有：“巨壑迎秋，寒江印月。萬籟悠悠，孤桐颯裂。”又如宋琴“萬壑松”琴側刻文：“九德兼全勝磬鐘，古香古色更雍容。世間盡有同名器，認爾當年萬壑松。”

古琴的斫制簡而言之，不過是選材、選造型、面板和底板黏合、髹漆、研磨擦光、定徽安足、上弦幾個步驟，可是每一步都至關重要，且內涵豐富。看似簡單的斫琴工藝，並不是普通的木匠可為，其中彙集了材料學、韻律學、髹飾學、史學等理論。斫琴者本身必是一個琴人，在奏琴的過程中積累感悟，才有了斫琴的基礎。不會彈琴的人，即使工技再好，也是不可能斫出一張良琴的。

四、獨一無二的減字記譜法

要說到古琴的記譜，我們且先來看一看《紅樓夢》第八十六回“受私賄老官翻案牘，寄閒情淑女解琴書”中的一個片段：

寶玉瞧著黛玉看的那本書，書上的字一個也不認得，有的像“芍”字，有的像“茫”字，也有一個“大”字旁邊“九”字加上一勾，中間又添個“五”字，也有上頭“五”字“六”字又添一個“木”字，底下又是一個“五”字，看著又奇怪，又納悶，便說：“妹妹近日愈發進了，看起天書來了。”黛玉嗤的一聲笑道：“好個念書的人，連個琴譜都沒有見過。”寶玉道：“琴譜怎麼不知道，為什麼上頭的字一個也不認得？妹妹你認得麼？”黛玉道：“不認得瞧他做什麼？”寶玉道：“我不信，從沒有聽見你會撫琴。我們書房裡掛著好幾張，前年來了一個清客先生叫作什麼嵇好古，老爺煩他撫了一曲，他取下琴來說，都使不得，還說老先生若高興，改日攜琴來請教。想是我們老爺也不懂，他便不來了。怎麼你有本事藏著？”黛玉道：“我何嘗真會呢。前日身上略覺舒服，在大書架上翻書，看有一套琴譜，甚有雅趣，上頭講的琴理甚通，手法說的也明白，真是古人靜心養性的工夫。我在揚州也聽得講究過，也曾學過，只是不弄了，就沒有了。這果真是‘三日不彈，手生荊棘’。前日看這幾篇沒有曲文，只有操名。我又到別處找了一本有曲文的來看著，才有意思。究竟怎麼彈得好，實在也難。書上說的師曠鼓琴能來風雷龍鳳，孔聖人尚學琴於師襄，一操便知其為文王，高山流水，得遇知音。”說到這裡，眼皮兒微微一動，慢慢地低下頭去。

寶玉正聽得高興，便道：“好妹妹，你才說的實在有趣，只是我才見上頭的字都不認得，你教我幾個呢。”黛玉道：“不用教的，一說便可以知道的。”寶玉道：“我是個糊塗人，得教我那個‘大’字加一勾，中間一個‘五’字的。”黛玉笑道：“這‘大’字‘九’字是用左手大拇指按琴上的九徽，這一勾加‘五’字是右手鉤五弦。並不是一個字，乃是一聲，是極容易的。有吟、揉、綽、注、撞、走、飛、推等法，是講究手法的。”

寶玉樂得手舞足蹈地說：“好妹妹，你既明琴理，我們何不學起來。”黛玉道：“琴者，禁也，古人制下，原以治身，涵養性情，抑其淫蕩，去其奢侈。若要撫琴，必擇靜室高齋，或在層樓的上頭，在林石的裡面，或是山巔上，或是水涯上，再遇著那天地清和的時候，風清月明，焚香靜坐，心不外想，氣血和平，才能與神合靈，與道合妙。所以古人說‘知音難遇’。若無知音，寧可獨對著那清風明月，蒼松怪石，野猿老鶴，撫弄一番，以寄興趣，方為不負了這琴。還有一層，又要指法好，取音好。若必要撫琴，先須衣冠整齊，或鶴氅，或深衣，要如古人的像表，那才能稱聖人之器，然後盥了手，焚上香，方才將身就在榻邊，把琴放在案上，坐在第五徽的地方兒，對著自己的當心，兩手方從容抬起，這才心身俱正。還要知道輕重疾徐，卷舒自若，體態尊重方好。”寶玉道：“我們學著玩，若這麼講究起來，那就難了。”

若你從沒有接觸過古琴，那麼琴的減字譜看起來就會如天書般難懂。那似乎很神秘奇特的字元，乍看倒是能從中看出一些筆劃，例如“大”字、“丁”字、“木”字，又如字元中會含有中文數位。但是仔細看卻還不知所云，字中有字，難解所以。

其實這種減字譜並不太難明白，而且對古琴藝術的保護和發展起到了非常重要的作用。在現傳的一百多種古琴譜集中，用減字譜記錄下來的琴曲就有三千多首，其中不同的曲目有六百多首。如此豐富的音樂世界得以流傳千百年被今人所知，要歸功於這種仿似天書的琴譜。

那麼減字譜到底是什麼樣的樂譜呢？這需從它的起源說起。

在還沒有出現琴譜之前，琴人學琴並沒有任何記錄可循，只能靠師父的口傳心授，從一個指法到一段曲子，都是跟著師父的演示而彈成，略有成就者便會在師父的教導基礎上加上自己的理解去彈奏。隨著古琴的技法逐漸變得複雜，原來心口相傳的方式已經無法滿足古琴藝術的傳承和發展。為了方便琴人間的交流，還有琴曲和各種技法的記錄，琴人們漸漸開始用文字寫下曲子的指法。這就是最早的古琴譜——文字譜。

文字譜是用文字語言記錄下琴曲裡每一個指法的曲譜，右手如何彈，左手在哪一徽哪一弦，做怎樣的變化。所以一個指法的描述需要一句話，甚至更加多的文字。一首曲子含有的指法十分繁多，可想而知，這樣的一個琴譜，需要多大的篇幅才能完整細緻地記錄下來！

我國現存唯一的文字譜是《碣石調·幽蘭》，這也是全世界發現的最古老的樂譜譜本，全譜 4954 個漢字，相傳為南北朝時期丘明傳譜。我們所能見到的譜子，是唐人手抄本，原件藏於日本。清代楊守敬影摹後，收錄在《古逸叢書》中。

《碣石調·幽蘭》文字譜

有了這種文字譜，可以更好地解決以前口傳的授琴方式所出現的問題。但是由於文字譜過於繁複，彈奏起來實在不方便，於是在歷代琴人的使用過程中，慢慢將其簡化。直到唐代，琴家曹柔創立了“減字譜”，琴譜才得到極大的完善。減字譜是在文字譜的基礎上，把每一句話裡所含的關鍵字抽取出來，再把這些關鍵字各取一部分，可以是字的偏旁、字的局部等，最後將這些部分合拼，便為減字譜中的一個“字”。這是一種指法譜，可以在小小的一個組合字中表示出左右手的指法、弦序、徽位，也可以表示出散音、泛音、按音的區別，甚至可以記錄下彈奏過程的樂曲處理，例如緩吟、急上等。

更重要的是，這樣的減字譜，相比於以前的文字譜，實在簡短方便了許多。我們就拿《碣石調·幽蘭》為例。這首曲子起首是：“耶臥中指十上半寸許案商，食指中指雙牽宮商，中指急下與拘俱下十三下一寸許住末商起，食指散緩半扶宮商，食指挑商又半扶宮商，縱容下無名十三外一寸許案商角，於商角即作兩半扶挾挑聲。緩緩起中指當十豎案商，緩緩散歷羽徵無名打商食指挑徵。”

將這一段文字譜翻譯成減字譜，其實只有幾個“減字”而已，且看管平湖先生對這段所打的譜：

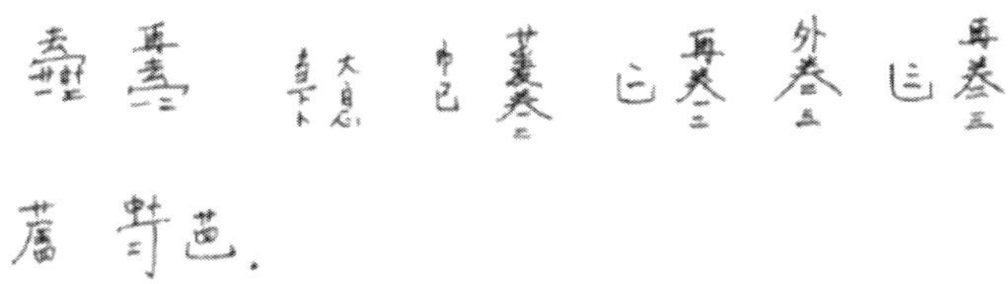

《碣石調·幽蘭》起首兩句，管平湖打譜，圖摘自楊秋悅《對<碣石調·幽蘭>打譜的分析和研究》

都說減字譜“字簡而義盡，文約而音賅。曹氏之功於是大矣”。我們可以看到，減字譜這樣的簡化，卻沒有縮減原本文字譜的任何一點資訊，而且更容易讀譜，使之一目了然。減字譜還可以體現出三種律制：無度相生律、十二平均律和純律，這在西方的五線譜和簡譜中也都無法辦到，當代古琴家李明忠先生也說：“這種在同一種樂器的專用譜式上，細緻、精確無誤地標注出三種律制的音律現象，在古今中外各類譜式中是罕見的。”

減字譜還有更神奇的，即使你不懂音律，沒有音樂理論知識，不知道什麼是音階、什麼是調式，也沒有關係，只要按照減字譜上的指法和彈奏方式去學習，就可以深入到古琴音樂中，得到古琴帶給你的藝術享受。

古琴的減字譜被沿用千年也都沒有被替代，可見其偉大。但是減字譜在樂譜記錄上也有一個很大的缺憾，甚至直接影響到古琴藝術的發展。減字譜

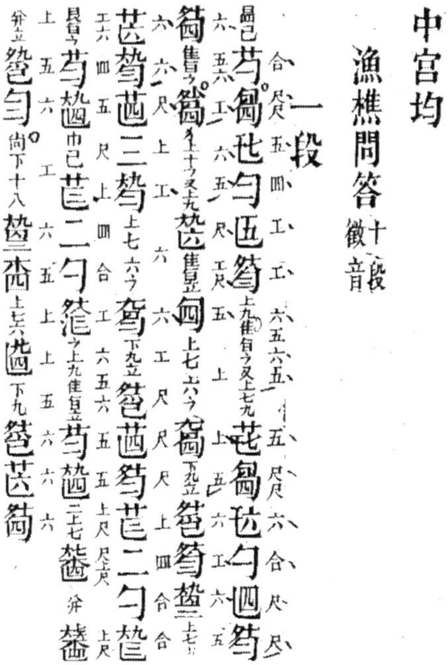

《漁樵問答》減字譜

只是指法譜，所以不能明確地標識音高、節奏、節拍等樂曲的基本要素。這樣也就意味著，即使你看懂了這種被稱為“天書”的樂譜，也都無法還原寫譜者所彈奏的那一首曲子。如此一來，還是要回到最初的由師父心口相傳的授琴方式才行。今人拿到古譜，在沒有師父的傳授下，只能自己打譜了，此為後話。

也有不少琴人做過各種探索，或在縱向的減字譜旁加注弦數、工尺、板眼，加粗黑線表示音符急連、注明輕重急徐等，如清代的《五知齋琴譜》（1721 年）、清代的《琴學入門》（1864 年）。現在還有琴人用雙行譜的方式，即是五線譜和減字譜（也有簡譜和減字譜）雙行對照結合，而且這也成了今天古琴用譜的主要方式，如《古琴曲集》（1983 年）。

普遍使用的雙行譜，至今也是存在著不少爭議的。許多琴人認為這樣的雙行譜存在著極大的局限性，所以這五線譜或者簡譜只能作為對照參考。其實西方音樂對節奏等的要求標準會比較機械，不符合中國傳統對音樂的理解。前人並不是不知減字譜無法標識節奏、音高等的缺憾，也不是不能解決，而是特地在琴譜中忽略掉這些注釋，只為在古琴的七弦上找到屬於自己的旋律，而不是簡單機械地模仿重複，正如畫畫與照相的區別。我們需要的恰如明代朱權《神奇秘譜》序中所說的：“傳曲不傳譜，傳譜不傳句。”

如此說來，減字譜的這種“不完善”，倒是更能體現中華傳統的文化理念。所以琴人在彈琴時，除了需要琴譜作為記錄備忘之外，還是要靠自身的修養領悟的。李明忠先生就認為這樣的譜式理念十分恰當：“以傳統譜式的文化模式為本，以借鑒現代譜式的科學成分為用。”

當然，也有琴人對這種說法提出異議，音樂家楊蔭瀏先生說道：“不能心中先有音聲，而依心中之音聲，以定取指位，即不得不關指法之規定，依指；不從曲趣之體味入手，而藉指頭機械動作，為之先導。”
認為減字譜只是確定了指法和音位，讓彈琴者不能以曲趣為先，如此便會使彈琴的過程變得乏味。

我們且來分析一下這些備受爭議的“減字”：

減字譜一般分為上下兩個部分，上面一部分表示的是左手指法，下部分是右手指法。上半部又分為左右兩部分，左面通常是左手按弦的用指，例如上文《紅樓夢》片段中寶玉所不解的“大”字即為左手大指按弦，還有“中”字表示中指，“夕”代表無名指。右上的數字指的是左手所按的徽位，如寶玉說的“大”字旁邊的“九”字指的是大指按在九徽的位置上，還有“七六”指的是七徽六分等。而下面部分的右手指法，例如“乚”，指的是“挑”，右手食指向外彈的指法，等等。

所以寶玉所說的：“‘大’字旁邊‘九’字加上一勾，中間又添個‘五’字”，
，右手中指勾第五弦的指法，記成減字譜如下圖：

有時候會在減字譜的下左方加上裝飾彈法，例如加“氵”表示“注”，亦即左手從上滑至下本音處。例如下圖所表示的減字譜，便為大指注下七弦的七徽六分，左手挑七弦：

泛音的表示是在每個字元上方加一個小圓即可。

古琴還有很多的指法表示，待在後文詳述。

五、同曲不同譜的打譜奧秘

在現今能讀到的古琴譜集中，依然存見著三千多首古琴的古譜，即使是不同曲目的也都有七百多首，這是一筆極為豐富珍貴的傳統音樂財富，是任何樂器古譜之數都無法比較的。但是在數千首曲中，至今能夠彈奏的卻只有一百多首，這完全是因為打譜的艱難。那麼何為打譜？打譜為什麼會這麼難？

《中國音樂詞典》中對“打譜”是這樣闡述的：“打譜，彈琴術語，指按照琴譜彈出琴曲的過程。由於琴譜並不直接記錄樂音，只是記明弦位和指法，其節奏又有較大的伸縮餘地。因此，打譜者必須熟悉琴曲的一般規律和演奏技法，揣摩曲情，進行再創造，力求再現原曲的本來面貌。現存的古譜大部分已經絕響，必須經過打譜恢復音樂。”

在上文我們已經說過，古琴特有的文字譜和減字譜都有一個很大的“缺憾”，它們都是指法譜，用以記錄彈奏手法等，而無法標明節奏、音高。所以一般學琴者都有師承，跟著師父而奏，學習師父的指法技巧和對琴曲的理解。在師父口傳心授的方式下，琴譜只是作為彈奏時的備忘錄而存在。

有一部分琴家認為文字譜和減字譜這種只有指法的“缺憾”，正是古琴藝術的發展所需要的。古琴大家查阜西先生也曾說過：“我們按譜古琴曲時，盡可以大膽地發揮每人自己的天才智慧，倒過來利用古琴譜節奏不嚴密的缺點，把按譜琴曲的每一句每一段組織成為有最大感染力的優美旋律，去充分表現它的良好的內容——好的形象、好的語言。”

成公亮先生在其著作《秋籟居琴話》中談到這個問題，更是一語中的。他認為琴譜只是琴曲表達的“骨架”，在這個“骨架”中，會有很多空隙，需要琴人用“血肉”填充依附。在這個過程中，可以體現出琴人的性情、氣質、學養和他對古音樂的理解能力、自身的演奏風格和創造力。所以古琴的記譜方式是不能變成五線譜那樣具體精確的，這是由中國主體文化之於傳統音樂上的特徵所決定的。

當沒有師承的時候，當時也沒有錄音設備，琴人只靠著這種指法譜，是根本無從下指而完整還原琴譜所記載的琴曲的。如果想把琴曲彈奏出來，必須經過對節奏等因素進行補充創作，"依譜鼓曲"，也即是中國古琴"九嶷派"創始人楊時百先生說的"按古譜照彈，俗稱為打譜，打譜遇為難時，彈之不能成節族，則唯有將所彈數句數字，反復將節奏唱出，然後一彈即成，視為打譜不傳之秘訣"。琴人根據琴譜所記錄的指法反復琢磨，直至琴曲律句順暢、結構清晰，這就是簡單的打譜。而打譜其實還有其他更多的內容，不僅僅是"依譜鼓曲"而已。

二十世紀中，管平湖、查阜西、吳景略、顧梅羹、張子謙、姚丙炎等老一輩的古琴大家開始對部分古老的琴譜進行挖掘、整理，一改傳統按譜尋聲的打譜方式，力求在表達和發揮個性風格和主觀創造之時，以尊重原譜作為基礎，儘量"再現原曲的本來面貌"，"經過打譜恢復音樂"。"打譜"已經不僅是可以按照琴譜彈出曲子這麼簡單了，而是成為一種嚴肅的學術研究活動，也就是有些琴人所說的"琴樂考古"，為了重現傳統的琴樂精神。除了琴用指法考證之外，還有琴曲的版本、琴樂的流派、譜式和古琴藝術所包含的美學思想等，都是打譜所要考慮的範圍。

打譜的操作程式是一個需要精細研究、發掘的過程。首先要對所打譜的琴曲做譜本的選擇。同一首琴曲，在不同時代的傳承和流變中，經過不同的琴人打譜演繹，會產生不同的琴譜。所以我們會看見同名的琴曲竟會有數種甚至數十種的流傳譜本，即使是同一個琴譜也都會有不同的寫本或者刻本。例如，著名的琴曲《平沙落雁》在明清時期傳譜就有五十多種，《梅花三弄》傳譜三十多種，《廣陵散》也有十幾種。

打譜者需從多個角度分析後，根據自己打譜的目的來選擇譜本。近現代的琴人一般多會選擇歷史最為久遠的古譜本，因為這樣的譜本會更接近原譜，符合其"琴樂考古"的打譜精神。有少部分琴曲會由多個譜本合參而成，這也許是因為琴人們想到各個琴譜都有不可丟棄的精華，經過綜合考慮，對此加工合併，可得更好的譜子。例如姚丙炎先生的《流水》是由《神奇秘譜》版、

《天聞閣琴譜》版和川派張孔山傳譜版三種譜的合參。又例如查阜西先生的《洞庭秋思》是由《松弦館琴譜》《二香琴譜》《琴書大全》《西麓堂琴譜》四種版本所合參。當然這種情況並不在多數，而且對打譜者的要求很高。

在選擇了譜本後，打譜者還要參考琴曲淵源的記載以及各種文獻資訊，瞭解琴曲的背景和精神內涵，還要弄清楚所選的譜本所屬流派，這種種情況都有可能影響到打譜的過程。只有掌握了這些，才能更真切地領會到琴曲創作者的情感意圖和精神體驗。

當以上準備工作都完成後，就能夠開始對所選譜本進行定弦、定調、定音，經過反復的演奏，加以自己對琴曲的理解，初步確定琴曲的旋律形態。這個過程就比較需要打譜者的主觀創造性，需要其有比較高的音樂素養，才能表現出審美情趣和彈奏風格。

譜例 1.

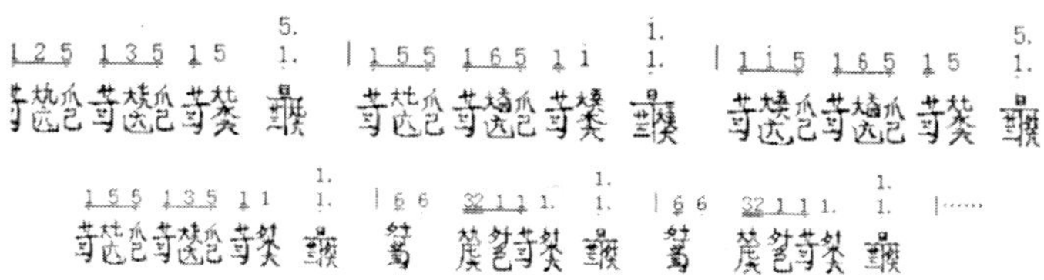

譜例 2.

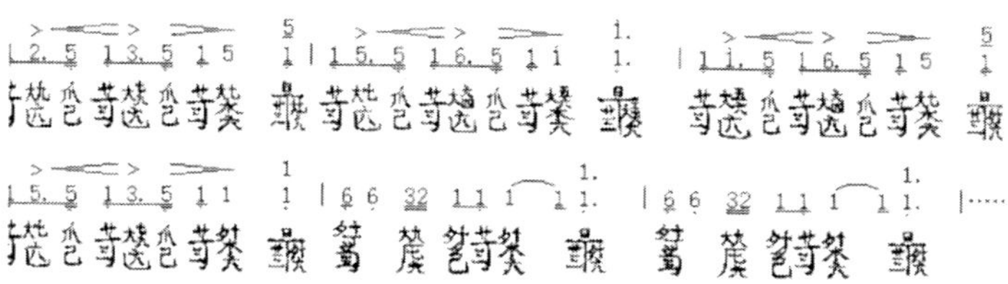

譜例 3.

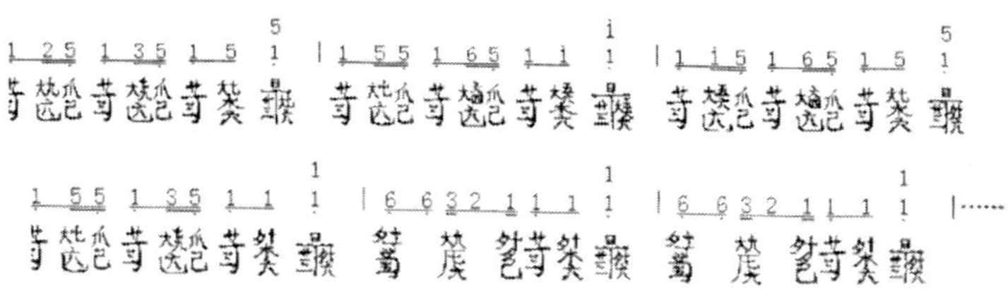

摘自《嶺南琴學論集》謝東笑《打譜的特性》

本著尊重原譜的原則，琴人在打譜過程中一般不會隨便更改

遇到譜中所記載的指法等不符合理論邏輯，無法進行打譜的情況，才會有所改動。即使這樣，也要有所注明。

正因為打譜過程主觀性比較強，所以存在一曲多譜的情況，嶺南琴家謝東笑先生曾列出古曲《酒狂》第一段的三種打譜風格，直觀地表明瞭這種情況。

有人說這樣的打譜太過於自由，憑空地任意發揮，缺乏統一的標準規範。這樣的說法是對打譜的誤解。起碼在減字譜裡，一些指法雖沒有注明節奏強弱，卻已暗帶規律。例如右手指法“曆”，食指連挑兩根弦或者三根弦，節奏必然

侖 入慢)、

“省”(少息)、“匒”(急彈)、“爰”(緩彈)、“ 㕣 ”(入拍），等等。

打譜者並不是天馬行空地破譯古譜，而是在古譜的制約下揭示琴曲的在意蘊，揣摩曲作者的意，真正走進音樂的世界才能重現原曲所要表達意境和氣韻。這個過程除了要融入打譜者的流風格，還會體現出打譜的氣質、學養、志向和情感。這是打譜者和曲作者的隔空對話，從而將這些書面的符號轉化為富有生命力的旋律，並把打譜者的人生體悟融於此內。所以，學者易存國說打譜者必是“一身而三任，既是嚴謹的學者，又是富於創造力的作曲家，還應當是充滿激情和想像力豐富的

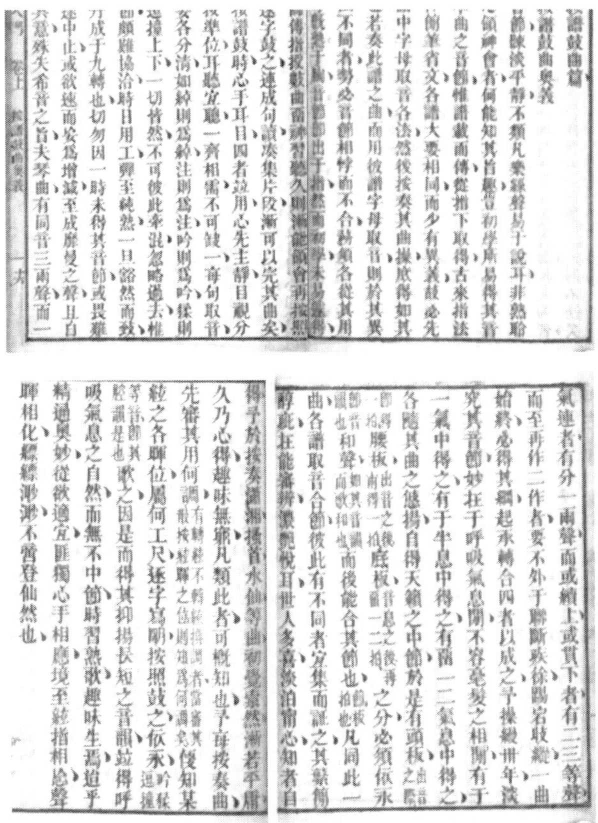

演奏家”，此言不差。

打譜是一項艱難的工程，所謂“大曲三年，小曲三月”，若這項工程停滯了，那麼前人留給我們的這一大筆傳統音樂財富便成了塵封在歷史深處的絕響。所幸，從二十世紀中期至今，仍有一大批的琴人在堅持著打譜的活動，為古琴藝術的傳承不遺餘力，並先後編撰出版了《存見古琴曲譜輯覽》(1958 年)、《琴曲集成》(1963 年) 等一批珍貴的琴譜材料。查阜西先生還列有一個打譜規劃《古琴發掘計畫》，把幾千首琴曲歸為十類：調意類、琴歌類、民間音樂類、名家創作類、版本類、流派特點類、名曲源流類、相近題材類、流行琴曲類、宋前名曲類。這個規劃對日後打譜活動起著一定的指導性作用。另外，以北京古琴研究會為首的各地琴社也都組織開展了關於打譜的研討交流會等，包括 1963 年、1983 年、1985 年、2001 年舉行的“全國古琴打譜大會”。

我們應該感謝他們，讓已經泛黃的琴譜得以重現斑斕多姿的風貌，也希望著有更多的琴人投身到打譜事業中，秉承著對古琴藝術的追求，打出更多為世人稱道的傳世作品來。

六、基本指法簡介

操縵之指法是古琴藝術演奏的基本，如若信手自如，方可進入嫺熟之境以談樂曲的深層享受。如若用指生硬，甚至習慣了有誤的指法，彈曲時只能費神糾正，更不要說用心領悟曲中真意。下指時又需注意力度，太輕者音色軟弱無力，太重者琴音渾濁，而且會使琴弦拍打琴面出現雜音。所以雙手的指法，是指示按彈的準則，不可忽視。

以下為各種指法技法以及其減字譜符號：

1. 音色符號

宀：按音，左手按弦，右手而彈。一般沒有注明的彈法都是按音。按音色沉著，若左手按實，則出音準。如若左手輕柔，則出音活。

艸：散音，左手不按弦，只有右手彈奏，即為彈空弦。散音音色恢巨集，餘韻悠長。下指最好在嶽山與一徽中間，稍近一徽，不剛不柔。

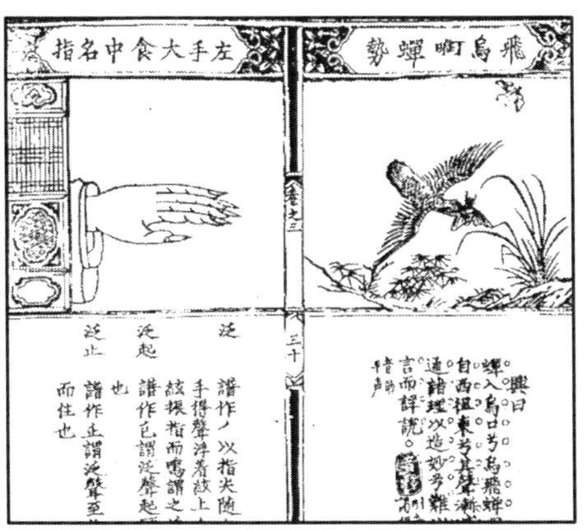

《太音大全集》“泛音”手勢圖

ㄑ：泛音，左手在相應的琴徽處輕點一下，右手同時彈弦。泛音音色清越，彈時左手如捷翅浮花，又如蜻蜓點水，出音泠泠然仿似天籟。下指最好在嶽山與一徽中間，稍近嶽山。

乏：泛起，指的是在某一音開始彈奏泛音。

正：泛止，指的是在某一音結束泛音。

2. 右手指法

（1）右手八法

右手八法為最基本獨立的指法，右手三十餘種常用指法一般為這八種的組合：托、擘、抹、挑、勾、剔、打、摘。

乇：托，右手大指向外彈弦。大指倒豎，虎口打開，先肉後甲直托弦，所以出音可得甲肉各半的音。彈後大指會落在相鄰的弦上。托音較重，多用於六七弦，跟指法“勾”相應。

尸：擘，右手大指向內彈弦。大指倒豎，微屈末節，由甲尖著弦，只得甲音，堅實有力。所以出指須注意力度，否則會導致琴音過硬。多用於六七弦，跟指法“剔”相應。《琴書大全》中“擘”“托”的手勢起名為“鳳驚鶴舞勢”，興詞曰：“萬竅怒號，有鶴在梁，竦體孤立，將翱將翔，忽一鳴而驚人，聲淒厲以彌長。”

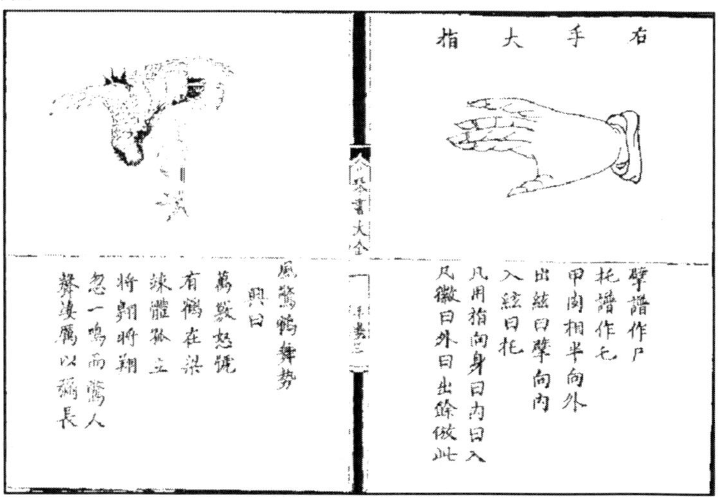
右手大指

擘譜作尸
托譜作乇
甲肉相半向外
出絃曰擘向內
入絃曰托
凡用指向身曰內曰入
凡徵曰外曰出餘倣此

琴書大全

鳳驚鶴舞勢
興曰
萬竅怒號
有鶴在梁
竦體孤立
將翱將翔
忽一鳴而驚人
聲淒厲以彌長

《琴書大全》右手大指手勢圖

木：抹，右手食指向內彈弦。食指根節屈曲，中、末節豎直，用末節三分之二指肉處觸弦，先肉後甲，平正而入，不能斜掃。中指和無名指略高於食指，禁指即小指，高直豎起以助力。《琴書大全》中“抹”又名為“鳴鶴在陰勢”，興詞曰：“鶴鳴九皋，聲聞於野，清音落落，自合韶雅，惟飛指以取象，覺曲高而和寡。”

《琴書大全》右手食指“抹”手勢圖

乚：挑，右手食指向外彈弦。食指中節屈曲，大指微微抵著食指，但不可捏緊兩指，也不可讓大指超過食指指背。大指伸直送出食指以挑弦。手指伸縮須靈活，懸空而下，不可拖泥帶水，用力需輕，卻又不能過於柔弱。《琴書大全》中又稱為“賓雁銜蘆勢”，興詞曰：“涼風倏至，鴻雁來賓，銜蘆南鄉，將以依仁，免度關而委去，遞哀音而動人。”

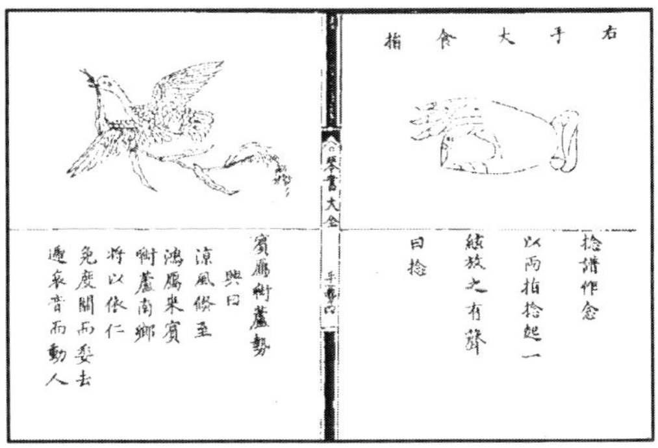

《琴書大全》右手食指“挑”手勢圖

勹：勾，右手中指向內彈弦。中指根節、中節屈曲，末節豎直。中鋒而入，先肉後甲，注意甲尖不要打到琴面。“重抵輕出”，即下指重，出弦輕。勾完後中指停在下一根弦上，不用馬上離開。《琴書大全》中“勾”又為“孤鶩顧群勢”，興詞曰：“孤鶩念群，飛鳴遠度，堪憐片影，弋人何慕，

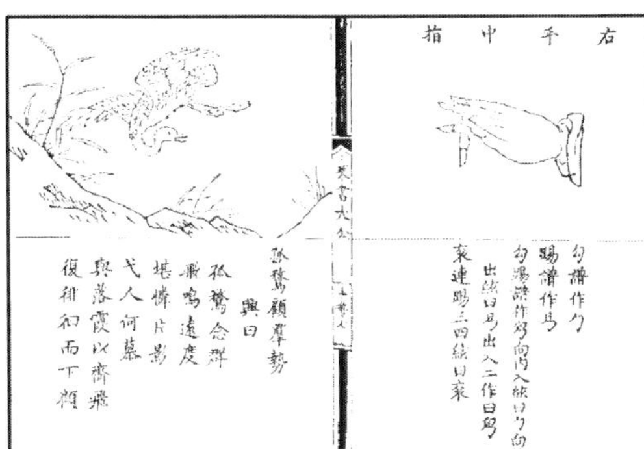

《琴書大全》右手中指“勾”手勢圖

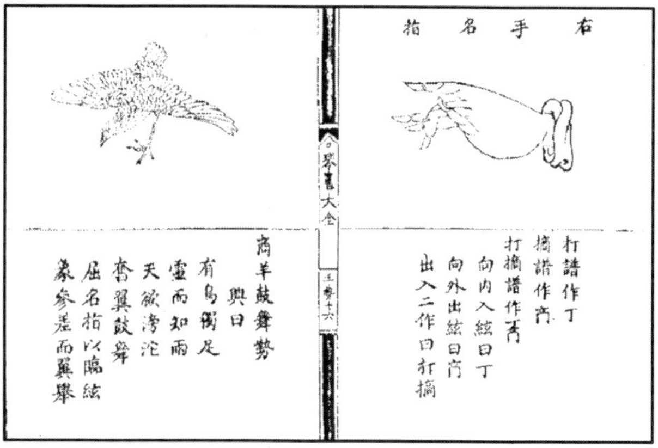

《琴書大全》右手無名指“打”手勢圖

與落霞以齊飛，複徘徊而下顧。”

ㄢ：剔，右手中指向外彈弦。中指中節微屈，用甲背觸弦。入弦約甲三分之一處，不得太深，或用力過強，否則琴音顯暴。懸空下弦，剔出後不要碰到前一根弦。

丁：打，右手無名指向內彈弦。無名指根節微屈，中末二節豎直，先肉後甲而打入，與“抹”“勾”稍有不同。通常“勾”後便乘勢用“打”，以顯兩聲的輕微不同。但由於無名指下弦，不及食指和中指靈活，力度也不好使出，所以今譜多用“勾”來代替“打”，如此避難就易，並不提倡。《琴書大全》中名為“商羊鼓舞勢”，興曰：“有鳥獨足，靈而知雨，天欲滂沱，奮翼鼓舞，屈名指以臨弦，象參差而翼舉。”

亣：摘，右手無名指向外彈弦。無名指中節屈曲，末節豎直，用甲背觸弦，以根節運動。無名指的根節較為不靈活，需多練。清後的琴譜也多以“剔”代替“摘”，亦不可取。

（2）右手組合指法

木乚：抹挑，食指在同弦上抹挑連用，得兩個同音，先抹後挑，先入後出，與單音時用法相同，僅緩急有別。

勹ㄢ：勾剔，中指在同弦上勾剔並用，連彈兩聲，也是先入後出。

丁亣：打摘，無名指在同弦上打摘連彈，同音兩聲，先打後摘。

侖：輪，在同一弦上無名指、中指、食指連續彈出得三聲，急速如風輪轉，有時亦需隨曲中要求的節奏，可緩彈。“摘”“剔”“挑”三聲需用力平均，得清亮圓活之聲。

半侖：半輪，用法與“輪”同，只需無名指、中指次第出弦得兩音。

巛：鎖，在同一弦上連用“剔”“抹”“挑”快速得三聲，甲尖輕觸弦得音即可，不需深入。“鎖”亦分小鎖、背鎖、短鎖、長鎖、反鎖、倒鎖等，此處不一一介紹。

單、㗊、㗊:分別為“彈”“雙彈”“三彈”。“彈”是用大指扣住食指尖，傍弦彈出，連著兩弦，一個為按音，一個為散音，按音的弦內彈，散音弦外彈，作“如一”之音。“雙彈”與“彈”相似，不過是用中指和食指次第彈出。“三彈”是用無名指、中指、食指次第彈出。

癶、朿、癶朿:分別為“撥”“剌”“撥剌”。“撥”即用食指、中指、無名指同時左入一根弦或兩根弦，三指併攏，出音剛勁有力，得一聲，出指方向如漢文字中的筆劃“撇”。而撥完後三指呈彎曲狀，但不可握拳。“剌”則恰恰相反，亦是食指、中指、無名指併攏右出一根弦或兩根弦，同得一聲。兩種彈法出指方向相反，出聲均勁疾。“撥剌”則為此二法的連用，先撥後剌，如“遊魚擺尾”之狀，揮灑自如。在《太音大全集》中名為“鸞鳳和鳴勢”。

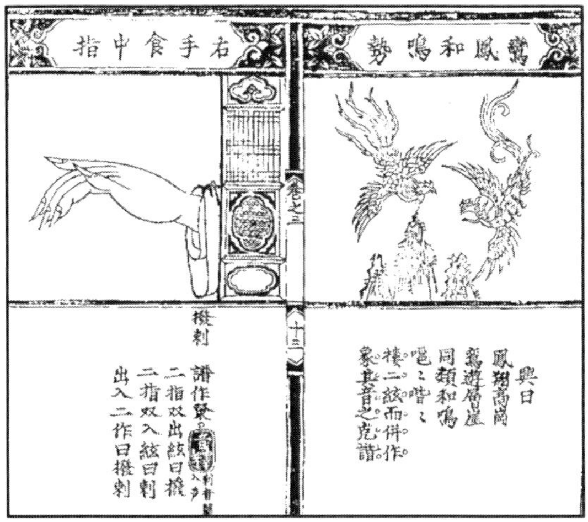

《太音大全集》“撥剌”手勢圖

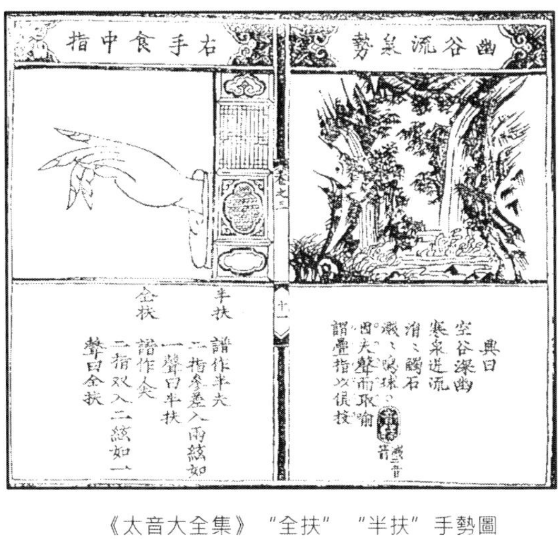

《太音大全集》“全扶”“半扶”手勢圖

夫、夫:分別為“全扶”“半扶”。“全扶”為食指連抹兩根弦，中指緊接連勾這兩根弦，而得四聲，無名指隨即虛煞住前一弦的餘音。或做食指、中指、無名指各入一弦，三音齊響。“半扶”則為食指連抹兩根弦，用中指煞住前弦。或做食指、中指彈入齊響。這兩種指法專用於泛音。在《太音大全集》中稱為“幽谷流泉勢”。

早：撮，雙音的彈法，左手兩根弦可一按一散，或者一按一泛，或者全按、全散、全泛，兩根弦齊響而得一聲，不可參差，兩指的力度要均衡。“撮”分為“小撮”和“大撮”，所彈兩弦之間相隔一或兩根弦用“小撮”，右手是用食指和中指挑勾並用，兩指倒垂像“人”字形。如果所彈兩弦相隔三或四根弦，則用“大撮”，右手是大指和中指勾托並用而得音。另有“反撮”的用法，下指方向與“撮”相反。

厂：曆，食指連挑兩根或三根弦，節奏較急。顧梅羹先生在《琴學備要》中用了四字概括“曆”的音色：“輕、疾、連、明。”不可斷續，不可緩慢，不可模糊不清。

团：打圓，不同流派“打圓”的指法和節奏稍有不同，一般是左手兩根弦可一按一散，或者一按一泛，或者全按、全散、全泛。右手先是挑勾二聲（也有托、勾二聲），少息，再急彈挑勾一次，然後再緩彈一次，共得六聲，最後輕挑一聲以應之。所以“打圓”共出同音六聲，力度輕重要均衡，用指要靈活。

𠫓、弗、𠫓弗：分別為“滾”“拂”“滾拂”。“滾”指的是無名指由內而外連摘，或四根弦，或六根弦，或七根弦。屈曲中節，豎直末節，用肘力送出。用指可由深及淺，由重及輕，由急及緩，每一聲要清晰、明亮、均勻。“拂”則剛好相反，指的是用食指由外到內連抹，用指法則亦與“滾”相反，需由淺及深，由輕及重，由緩及急。“滾拂”一般是先滾後拂，兩法並用，但是也有例外的。注意的是銜接要自然，手勢順時針而走形成一個圓，“滾”時從左轉向右，“拂”時從右轉向左，也需用到肘力，力度均衡連續，不能形成一片暴響。

右手的組合指法還有“抹勾”“伏”“索鈴”等，便不逐個詳解了。

3. 左手指法

左手用指與右手一樣，只用大指、食指、中指、無名指，而小指則為緊指，直而不用。左手可作按弦，或者泛弦。

（1）左手基本指法

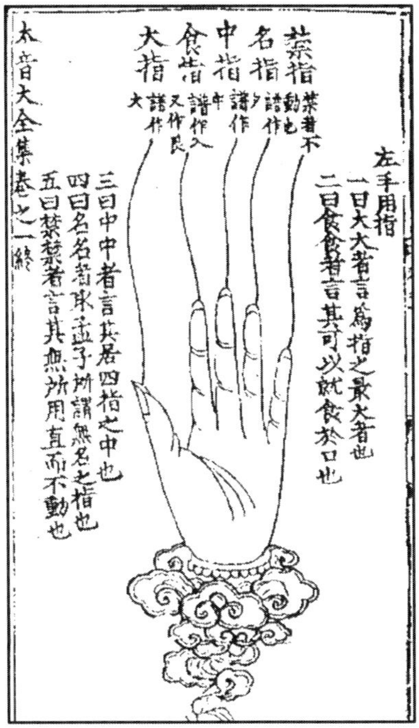

《太音大全集》左手用指圖

广：吟，左手按弦得聲後，帶著音以本音位為中心，左右輕輕搖動三四分。運指旋動，可至音活，搖動大小可不用每次一致，先大後小，最後回到本位。例如第一次可左轉兩分，右轉兩分，然後左轉一分，右轉一分，然後回位。吟時用力需柔和，使餘音連綿。吟的分類有許多，如“綽吟”“注吟”“落指吟”“長吟”“細吟”“少吟”“略吟”“大吟”“急吟”“緩吟”“緩急吟”“雙吟”“定吟”等，可見古琴藝術的博大精深，落指於細微處，讓琴音之變更豐富。其中的區別並不大，例如“長吟”是比一般“吟”的時長要長，可轉八九次以取餘音更長；“細吟”又稱為“微吟”，幅度大的吟；“少吟”則會比一般吟的時長減半；“略吟”又比“少吟”減半；“急吟”是速度急快的吟；“緩吟”則相反；“緩急吟”是先緩後急的吟；還有“定吟”指的是左手按指吟的時候不離開本音位，只是用指筋骨輕輕動盪，甚至在外觀並不覺察到指動。

犭：猱，左手彈出按音後，帶著餘音上下波動，用法與“吟”同，只是幅度比“吟”大，上下半音至全音都可能，而且用指要比“吟”剛勁。分類也與“吟”同，有“綽猱”“注猱”“落指猱”“長猱”“細猱”“少猱”“略猱”“大猱”“急猱”“緩猱”“緩急猱”“雙猱”“定猱”“撞猱”“迎猱”等。

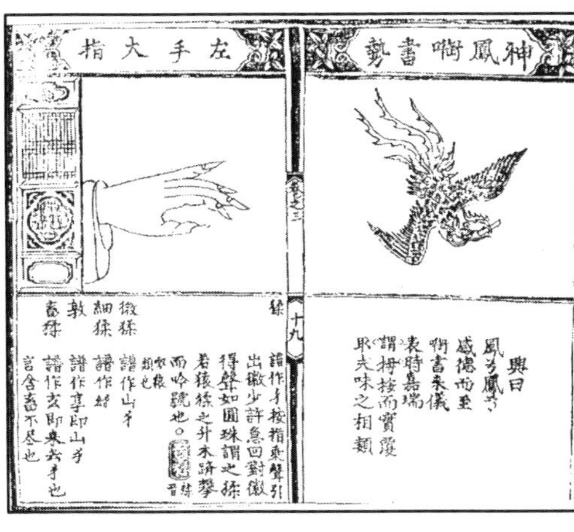

《太音大全集》“猱”手勢圖

卜、占：綽，這兩種都是

“綽”的表示符號。右手彈音的同時，左手從下半位按弦，迎著音向本位音上滑，如其他樂器的上滑音。

氵、主：注，這兩種都是“注”的表示符號，用指方向與“綽”相反，運指技巧是一樣的。右手彈音的同時，左手從上半位按弦，送著音向本位音下滑，如其他樂器的下滑音。

（2）左手其他指法

大：大指，用左手大指按弦，末節微屈，用指側來按弦。食指微屈覆在大指上方，中指和無名指稍下，禁指依然是豎起來。一般是用指甲之處，所以按位是半甲半肉的。有時也會用到指節骨按弦，純肉按。如果需要一指按兩三弦時，這兩種方法需同時用到。大指用力方便，所以使用次數是四指（禁指除外）中最多的。

人、亻：食指，食指按弦，微作俯勢。觸弦位在指頭平正處，注意與大指的側按不一樣。使用次數不多，一般用在泛音時，與大指配合著來用。

中：中指，中指按弦，與食指按弦相似，都是用指頭平按。

夕：無名指，無名指按弦，中節微屈，側按，食指、中指覆在其上方。用法與大指相同，也有兩種按法，一是在指頭處，一是在末骨節處。如需用到無名指按兩三弦時，中節需伸直。使用次數僅次大指。

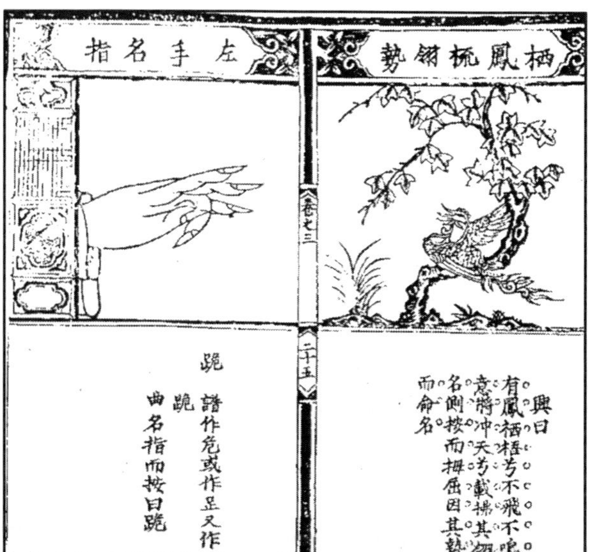

《太音大全集》“跪指”手勢圖

足、产：跪指，兩種都是“跪指”的表示符號。無名指彎曲中節和末節，用指背左側部位按弦，也有用末節硬骨處按弦。一般用在五徽以上，因為此處的徽分比較短，如果按照無名指的一般用法來按弦，會很不方便，跪指可解決這個問題。只是跪指較為難用，按弦不實是常見的毛病，需多練。

立：撞，左手按弦得聲後，手指上半音或全音後急速回到本音位，如做了一個速度快、力度強的進複。實上虛下，一觸即退，用指剛勁。分為“小撞”“大撞”“雙撞”“反撞”，等等。

豆：逗，用指與“撞”相似，所不同的是，“撞”是按彈得音後，左手才動，所以出音與正音分離。而“逗”是彈弦與急速進複同時進行，所以出音與正音混合在一起。

勽：喚，按彈出音同時，急上少許，退回本音位後又急下少許，然後回到本位。整個過程速度較快。

上、佳：上、進，“上”，左手按彈得音後，向上（即右）移動到較高的音位，可移動一個音或數個音。如果移動的是一個音位，又稱為“進”。“上”與“綽”不同之處在於，“上”是得音後再動，有起有頓，可得兩聲分明，所以沒有滑音的效果；“綽”則是彈音同時而動，把兩聲融為一聲，有滑音的效果。

下、艮：下、退，用法與“上”“進”相同，方向相反，即為左手得音後向下移動到較低的音位，若移動一個音位則為“退”。與“注”不同之處亦如上。

旬、雋、昬：複、進複、退複，“複”即為回到本位音。顧名思義，“進複”一音為實，進（退）音為虛，回複本位也是虛音。

午：滸，亦為“滸上”，按彈得音後，少息（略作停頓），再上到較高的音位。

尚：淌：一般作“淌下”，用法與“下”同，不同的是，“淌下”速度較緩，運指較柔，先實後虛。

乜：掐起，大指按彈得音後，無名指按在大指的下一個音位（具體按位看譜，此時大指並不離

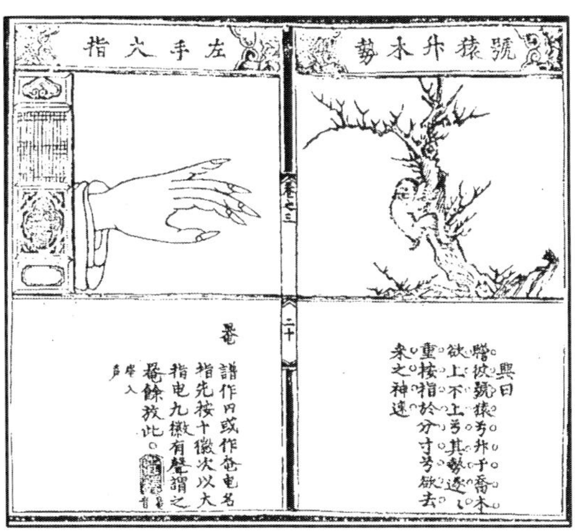

《太音大全集》“罨”手勢圖

弦），並用大指的指甲尖在弦上掐起得聲。需注意掐起前要把無名指按實，大指才能掐起出音。

[illegible]、[illegible]：抓起、帶起，“抓起”為大指按彈得聲後，用大指指甲尖把弦抓起，得弦的散音。“帶起”則為無名指按彈得聲後，用無名指指頭帶起琴弦得該弦散音。力度注意不要過重，宜輕。

內、虍：罨、虛罨，“罨”為無名指在低音位按彈得聲後，用大指在高處指定音位擊弦而得音。要注意的是無名指需按實，大指用力不要過大，否則會聽到擊打琴面的聲音，而不是擊弦聲。“虛罨”則是右手不動，左手用大指（或無名指、或中指）在指定的音位上，淩空擊弦得音，亦是需注意力度。

弅：分開，同弦兩彈，左手在本位音處，右手食指“抹”得一音，然後左手上至指定音位，隨後帶音注下到本音位，如此得三聲，右手用的是“抹”和“挑”，也有用“勾”和“剔”。

[illegible]：放合，名指按彈得音後，迅速往內移把弦放開又得一聲，乘勢把無名指按在下一根弦上再彈得一聲，共三聲。

左手指法還有“推出”“掐撮三聲”“不動”“應合”等，此處略。

4. 節奏等其他符號

省：少息，稍作停頓。

[illegible]、刍：急彈，彈奏急速緊促。

爰：緩彈，彈奏速度較緩。

畣：入慢，表示從這裡開始進入慢彈。

[illegible]：再作，再彈一次。起點處會有標示。

[illegible]、紬：曲終，琴曲結束。

第四編　古琴文化

古琴在歷史上扮演了重要的角色，古人通過琴樂寄託感情，通過琴樂傳載思想，通過琴樂端正視聽……古琴的歷史和功用衍生和形成了古琴文化。由於古琴文化有著龐大的體系，本編擇一些極具代表性的琴文化及相關文化予以闡釋。

一、古琴藝術與儒道思想

儒道的思想，一則提倡入世，另則提倡出世，皆為自古以來中國人精神世界的兩大支柱，古琴藝術正是在這樣的環境中成長發展起來的。儒道兩家的精神哲學，在古琴藝術中相融互補，並直接影響到琴樂的審美追求，包括琴的形制、演奏技法、曲目風格等。

儒學是一種以“仁”為核心的思想，自古以來，儒家的思想都是華夏民眾價值體系的表現，是中華法系的法理基礎，也是中華文化的主脈。儒學起源於春秋時期，提倡“仁禮修身”及“中庸之道”，強調父子君臣等倫理關係。所以一切藝術審美都要符合儒家“中正仁和”之標準，而古琴藝術正好充分體現出儒家美與善相統一的要求。

我們先看琴的形制，形制也反映出了儒家的精神。例如琴體前廣後狹，象徵了君臣尊卑之別。又例如五弦，象徵了君、臣、民、事、物。古琴在外形的造設上，已經遵循了儒家的道統原則，就連在音色上，泛音、散音、按音也分別象徵著天、地、人的和合。

另外，在古琴音樂的審美方面，無論古琴發展成怎樣的流派風格，都會以“正直和雅”等為審美基礎。在儒家的哲學思想中，天下萬物的一統最終歸於“中和”二字。《禮記·中庸》便曰：“中也者，天下之大本也；和也者，天下之達道也。致中和，天地位焉，萬物育焉。”儒家追求人格的敦厚溫和，而古琴或恬淡平雅、或嫻靜韻致、或圓潤細膩、或蒼勁渾厚、或意趣緬渺的音色，表現出至善、典雅的風格，正是儒家藝術精神所需要的。所謂“德成而上，藝成而下”，這是儒家對待藝術的態度，也是琴道的價值取向。

所以古代士大夫們都喜歡用古琴來調和情志，導養神氣。古琴便能用以

《孔子聖跡圖》之《學琴師襄》

教化修身，“養君中和之正性，禁爾忿欲之邪心”，這是古琴的另一功能。自孔子始，禮樂教化就深入人心。孔子提出“興於詩，立於禮，成於樂”的理念，以達到“大樂與天地同和”的境界。作為儒家雅樂代表的古琴，自然有著不可替代的使命。

所以歷代琴論大都談及一個“禁”字。“琴者，禁也，所以禁止淫邪，正人心也。”（《白虎通》）“琴者，禁也，禁諸邪而存正，故琴為聖賢之樂，動天地而感鬼神。琴之妙理，莫大乎是。”（《太古遺音·琴制尚象論》）琴道內涵中一個重要特徵便是經世致用，以端正人的行為，淨化人性，這就讓古琴與儒家的政治思想有著割離不斷的聯繫。

我們在古琴的曲式以及曲目中，處處能發現儒家哲學的痕跡。例如曲式有“曲”“引”“操”“弄”等幾種，每一個種類都蘊涵了某種儒學內涵。謝希逸《琴論》有曰：“和樂而作，命之曰暢，言達則兼天下而美暢其道也。”“暢”為兼濟天下之樂道，如琴曲《神人暢》，曲調古樸粗獷，表現了原始祭神慶典時的盛況，天人共暢的場面。

《琴論》又曰：“憂愁而作，命之曰操，言窮則獨善其身而不失其操也。”“操”表達的是君子之德，窮則獨善其身而不失操守，以立於世間。如琴曲《文王操》，為歌頌文王功德所作。昔日孔子師從師襄學《文王操》，領悟其思想內涵，知其陶冶人們情操的功用。莊嚴、宏偉、肅穆的琴聲盡現儒家文人崇聖的文化傾向。明代琴譜《杏莊太音補遺》也說："鼓此曲令人蕩滌邪穢，消融渣滓。" 又有琴曲《猗蘭操》，寄託了孔子如蘭般豁達曠逸的情操。

"引者，進德修業，申達之名也。弄者，情性和暢，寬泰之名也。""引"，修身養性，為道德範疇的作品，如《貞女引》《華胥引》。"弄"，多為抒發個人情感，表達情志，如古琴曲《梅花三弄》。明代《伯牙心法》對此曲評析道："梅為花之最清，琴為聲之最清，以最清之聲寫最清之物，宜其有淩霜音韻也。"琴曲通過描繪梅花淩霜傲態，來讚頌其高潔超塵的品格，借物言志，所以為"弄"。

作為八音之首的古琴自始便被賦予了修身、齊家、治國、平天下等文化屬性，肩負著儒家倫理教化和政治功能。

老莊玄學在琴道思想中廣泛體現，應是從魏晉南北朝時期開始。社會動蕩，司馬氏殘暴專政讓人開始懷疑其所宣傳的"以名為教"的思想。琴家嵇康、阮籍等名士公然提出"越名教而任自然"的精神來反抗司馬氏統治者。另有許多人為躲避迫害而辭官歸隱，尋找另外的管道來寄託人生理想，追求真實的自我。老莊道學的清靜無為、法天貴真的境界，恰好讓他們重新找到精神的皈依，而古琴也正是他們表達內心情感之器。

老子曾提出"大音希聲"的道家音樂理想境界，亦是後世眾多琴人所追

明代張路《聽琴圖》

明代馬軾《歸去來兮圖》，取材陶淵明辭官歸隱情景，後面童子擔有書籍與古琴

求的目標。莊子繼承了這種思想，認為“五音亂耳，使耳不聰”。最動人的音樂，並非人用高超的技法奏出來的琴曲，而是自然的、樸素的、無為的音樂，沒有人工雕琢的痕跡，超越了聲音的局限，直接反映物體本原的音樂，所以這種音樂是“無聲”的。

說到這裡，自然會想起魏晉隱逸詩人陶淵明的無弦琴。據說當時陶淵明有一張無弦無徽的古琴，曰：“但識琴中趣，何勞弦上聲。”天地間大美之音，皆在弦外，超脫於物外不為所累，也就是道家天樂的自由境界。唐代李白也詩道：“大音自成曲，但奏無弦琴。”

道家提倡“淡兮其無味”，推崇自然無為，那是情感在音樂表達中的真實釋放，追求自然淡和、虛靜淳真的境界。而琴樂審美風格也正是以“淡”貫穿其中，魏晉阮籍時便有“道德平淡，故五聲無味”的說法。此“無味”並非貶義，而是恬逸閑道、虛靜深遠的意境。

唐人也道：“清泠由本性，恬淡隨人心。”強調的是人的內心，追求精神自由。所以針對儒家琴學思想宗旨“琴者，禁也”，支持道家琴學的晚明學者李贄提出“琴者，心也”以反駁之，掙脫出“禁”的道德束縛，強調琴樂需符合自然之美，並不受“禮”的制約，可順合人之性情，是本真的表達。琴人通過琴樂折射出人心，乃至天地萬物的返璞歸真，並讓情感在其中肆意延伸，“發乎性情，由乎自然”。也可見在古琴審美中儒學思想一家獨大的情況發生了轉向，建立起一種新的琴樂美學體系。

古琴的審美情趣與道家超塵脫俗、逍遙自然的理念相合。明代琴家徐青山所著的《溪山琴況》中，提出了琴樂藝術審美的二十四況，其中所提到的"靜"，便與道家提倡的"希聲"相符，道："約其下指工夫，一在調氣，一在練指。調氣則神自靜，練指則音自靜。"淡泊寧靜，心無塵翳，方能體會到無聲音樂的永恆之美。

又言"逸"，所謂"以無累之神合有道之器，非有逸致者則不能也"，追求自然天放之音，自由釋放內心深處的情感，遵循本真的感受，以達自由自在的境界，也即得心應手。

用心體驗，人與自然和諧融合，物我兩忘，便可忘卻世間種種計較，清虛淡靜。就如古琴曲《鷗鷺忘機》所表現的意境一般，通過對鷗鷺無憂自由的嚮往，寄託了與世無爭的志趣，此乃"忘機"。明代《楊西峰重修真傳》

清代《弘曆觀荷撫琴圖》（局部），現藏於故宮博物院

為琴曲《鷗鷺忘機》附錄有“機止”“坐忘”兩段歌辭，辭中所描述的恬淡和諧的隱逸生活，不正是自古閑淡散人所追求的嗎？

第一段　機止

止水湛寒波，鷗與那鷺友結和。俺三個樂夫天真德趣多，學唱個漁歌。手執綸竿，頭戴箬笠，身著蓑煙。寒江上虛舟直釣，閑眠醉臥，雜緣故那過活。

第二段　坐忘

風與和兩相閑，功名無絆，富貴無關。怡情柳岸蘆灣，生涯款款子陵灘。短裘高帽長竿，風清月朗地天寬。兀坐竟無言，胸次飄然，寂無機見從心便。瑤琴一曲流水高山，忘機曲漫談。得追歡，再無夢到長安。

儒家和道家的琴樂思想在歷史的推進中相互補充，又相互制約，讓古琴在演變過程中得到平衡和發展。古琴承載的不僅是儒家的理想人格，還有道家的自然無為的精神。人們賦予古琴的意義，要遠遠深於它的器樂特徵。

二、琴禪一味，太古遺音

佛教自西漢傳入中國後，經過一段時間與中國本土傳統文化的磨合，漸漸地有越來越多的人接受這種外來的哲學思想。佛學文化在潛移默化中融進了中國傳統的價值意識裡，開始影響著包括文學、藝術、民俗等各方面的傳統文化，對人們的審美意趣、人格追求等都產生了不可忽視的作用。這是一種強大的精神力量，沉澱在中華民族的意識中，成為中國哲學思想的支柱之一。

古琴文化也逐漸確立了以儒家思想為主體，融合儒、道、釋三家思維理念的藝術形態。所謂“不知春秋不能涉世，不精老莊不能忘世，不參禪不能出世”。例如，晚明學者李贄提出“琴者，心也”的命題，以針對自古儒家提倡的“琴禁說”，關注人的內心，發乎性情，讓一切在琴音中得到釋放和歸真，虛靜無為，這是道家的理論，其實也受到佛家心性思想的影響。禪宗提倡“由心悟道”，率真地表現心性，摒棄世俗繁事紛擾，明心見性，“一悟即至佛地”。這種心空靜寂的禪境追求，也是古琴音樂中“靜、遠、淡、逸”的意境審美，明代琴家徐青山便有說道：“修其清靜貞正，而藉琴以明心見性。”

宋代琴人成玉澗認為：“攻琴如參禪，歲月磨煉，瞥然省悟，則無所不通，縱橫妙用，而嘗若有餘。至於未悟，雖用力尋求，終無妙處。”禪宗頓悟的思想也可以應用到古琴藝術的學習過程之中，通過有聲之樂，去尋求無名無際、不生不滅的精神，一種超越物質，卻永恆存在的力量，達到心靈與宇宙萬物的溝通。這種思想與道家的“大音希聲”也有異曲同工之妙。

“教外別傳，不立文字，直指人心，見性成佛”是禪宗的宗旨之一，以心傳心，無須用文字經卷去傳法，世尊有曰：“吾有正法眼藏、涅槃妙心、實相無相微妙法門，不立文字，教外別傳。”佛陀認為心是眾生清淨本覺，故可脫文字相，也能傳承無誤。而古琴藝術的傳承，在文字譜出現之前，也是由師父口傳心授而得。縱然之後有了減字譜，琴樂之道也非文字可準確細緻記錄，其中意境也不是語言能精確描述，若無自我感悟，那弦間之音，也不過是靠技法維持的死水一潭。就像當年伯牙學琴，在海邊望山林窅冥、群鳥悲號，移情而悟得琴樂真諦一樣。這些道理師父能說，弟子卻不一定能懂。此頓悟之意，與“不立文字”的禪理相通。

正如明代琴家嚴澄所言：“琴道不傳而傳，譬釋氏之傳燈，一二慧心相續不斷。”

在唐宋之後，文人士大夫參禪修行一時成為風氣，這從大量的琴禪詩文可以看出。例如，宋代文豪蘇軾的《題沈君琴》：“若言琴上有琴聲，放在匣中何不鳴？若言聲在指頭上，何不於君指上聽？”借用了《楞嚴經》“譬如琴瑟、箜篌、琵琶，雖有妙音，若無妙指，終不能發”的禪意，娑婆世界，聲塵國土，一切皆由因緣和合而成，妙指如此，琴聲亦如此。

那時候，儒釋的交遊十分廣泛。無論是文壇的巨匠，還是朝廷的顯貴，在與僧人們的交往中，能找到一種有別於浮沉宦海的心情，那種恬淡曠遠的禪趣，在他們看來，是自在的、清淨的、歡喜的。他們登山臨水，彈琴和詩，在白雲松風、山林清泉中，參佛意修行，奏古曲養心，甚為愜意。

南宋夏圭《臨流撫琴圖》

蘇軾寫有許多關於與禪僧交往的詩句，且多有佳句出現，如《聽賢師琴》中的“歸家且覓千斛水，淨洗從前箏笛耳”。又如《聽僧昭素琴》中的“散我不平氣，洗我不和心。此心知有在，尚複此微吟”。

當時的文人楊億、范仲淹、黃庭堅、歐陽修、梅堯臣、楊冠卿等都留有與禪僧彈琴酬唱的詩文，士林的禪悅之風對佛學的發展起到了推動的作用。同時，作為士大夫案上必不可少的修身之器，古琴的價值觀念和藝術創作、審美意境都受到佛禪思潮的巨大影響。在文人悅禪之時，僧人也開始崇文，許多禪僧對儒家的哲學、文學、史學等各方面都有著較深的造詣。而且佛教逐漸“中國化”，其教義也漸漸與中國傳統文化相融合，儒佛在某些方面還是相通的。本來齊家、治國、平天下應為儒子的責任，而佛教中許多的高僧大德對時事政局的關注和成就，甚至不在眾儒子之下。

有許多的僧人本身也博通經史，文采飛揚。文人所喜好的古琴，與佛門經典一同，都是僧人們日常的功課。琴僧們把禪宗美學與古琴藝術結合在一起，開創了古琴文化的另一個局面。

早在南北朝時期僧人慧皎所著的《高僧傳》中，便有記錄下一些以善琴著稱的僧人。如，“少好琴書”的釋道溫，《琴聲律圖》（現錄於宋《琴苑要錄》）撰著者釋道照，等等。

唐朝時善彈琴的僧人就更多了，在很多文人著有的詩文中都有提及。如，李白《聽蜀僧浚彈琴》中的蜀僧浚，韓愈《聽穎師彈琴》中的穎師，等等。

宋元時期在《歷代琴人傳》中所記載的琴僧已有十四人，其實能稱得上琴僧者遠遠不止這些。如，“露館濤驚枕，空庭月伴琴”的釋惠崇，寫有“子期不我至，獨上高高臺”的釋簡長，寫有“棋窗寒日短，琴幌夜燈幽”的釋惟鳳……

宋代出現了一個有師承淵源的琴僧系統，在當時古琴界的影響很大。其中除了他們的祖師爺琴師朱文濟不是僧人外，後面幾代傳承人都是釋門的弟子，且大部分的琴學造詣都不遜於士子琴人。例如，朱文濟的親傳弟子釋夷中，沈括《夢溪筆談·補筆談》中寫道：“琴待詔朱文濟鼓琴為天下第一，京師僧慧日大師夷中盡得其法。”釋夷中的琴藝聞名遐邇，廣為時人稱道，多有讚美之辭。

釋夷中後把琴藝傳授給僧人知白、義海、智圓等。在《補筆談》中提到義海學琴，“謝絕過從，積十年不下山”，練就琴藝是“眾人所不及”的。知白也以擅琴著稱於文人之中，多與士人交往，歐陽修、梅堯臣等都曾賦詩贈予他。智圓則自小接受儒家思想教育，認為“釋道儒宗，其旨本融”，主張琴之“禁”的儒家傳統審美，並寫有不少著作來闡述這種三教一體的思想。

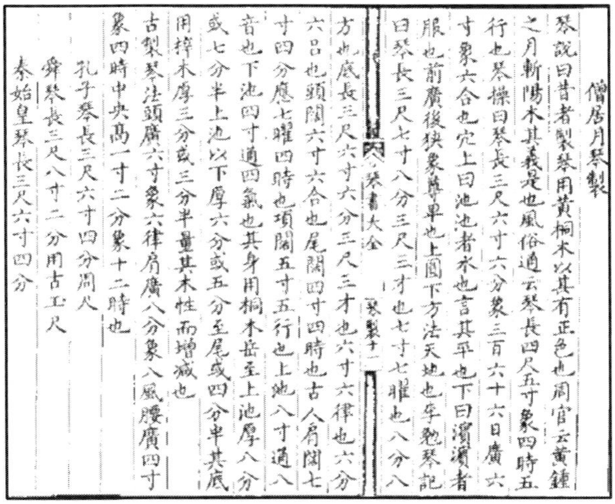

僧居月琴製

琴說曰昔者製琴用黃桐木以其有正色也周官云黃鍾之月斬陽木其義是也風俗通云琴長四尺五寸象四時五行也琴操曰琴長三尺六寸六分象三百六十六日廣六寸象六合也究上曰池池者水也言其平也下曰濱濱者服也前廣後狹象尊卑也上圓下方法天地也李勉琴記曰琴長三尺七寸八分三尺三才也七寸七曜也八分八

琴書大全　琴製十二

方也底長三尺六寸六分三尺三才也六寸六律也六分六呂也頭闊六寸六合也尾闊四寸四時也古人肩闊七寸四分應七曜四時也項闊五寸五行也上池八寸通八音也下池四寸通四氣也其身用桐木岳至上池厚八分或七分半上池以下厚六分或五分至尾或四分半其底用梓木厚三分或三分半量其木性而增減也

古製琴法頭廣六寸象六律肩廣八分象八風腰廣四寸象四時中央高一寸二分象十二時也

孔子琴長三尺六寸四分周尺

舜琴長三尺八寸二分用古工尺

秦始皇琴長三尺六寸四分

《琴書大全·琴制篇》之《僧居月琴制》

琴僧們不僅琴藝高超，而且對古琴理論研究也做出了不少貢獻。例如，義海的弟子釋則全，寫有關於指法要領和琴曲節奏處理的琴學著作《指法》《節奏》《琴曲譜錄》《琴書類集》的著者也是宋代僧人釋居月；在明代《琴書大全》中還收錄了釋居月關於斫琴理論的兩篇文章——《僧居月琴制》《僧居月造弦法》。

儒家的禮樂思想是古琴傳統美學的主體，卻不是唯一的審美標準。“心無掛礙，我本性空，應無所住，自在隨緣”的佛家意趣，也是琴人們所追求的境界。琴禪一味，般若之道，對琴人感悟古琴藝術的文化內涵和藝術意蘊，有著深遠的意義。

三、琴歌的歷史發展和現狀

琴歌音樂是古琴藝術的重要表現形式之一，指的是以古琴為伴奏，邊彈邊吟唱的作品，人聲為主，琴聲為輔，以作為對琴曲的另一番詮釋。在其流傳的數千年來，琴歌藝術保存了豐富的曲目，蘊涵了深厚的文化內涵。琴歌不僅是古琴藝術的體現，還彙集了聲樂中諸多藝術資訊，包括中國歷史發展過程中的曲調類型、演唱方式和聲樂審美，是一筆極為珍貴的財富。而對琴歌配詞的探索，對中國古代文學研究有著重大的意義。這便於後世從音樂功能的角度去認識詩文的文學藝術性，以此深化對古琴藝術的理解。所以說，琴歌的發展和傳承，也是不能被忽略的。

今天所能見到最早的琴歌譜，是宋代姜夔《白石道人歌曲》中的《古怨》和《事林廣記》所記載的《黃鶯吟》。但是，其實早在上古時期，琴歌已經產生了。

《禮記》中有這樣的記載：“昔者，舜作五弦之琴，以歌《南風》。”《史記》也道：“舜彈五弦之琴，歌《南風》之詩而天下治。”由此可見，早在堯舜之時，琴歌已經存在，而且是古琴藝術的最初表現形式，當時稱為“弦歌”。《南風》一歌，以祈天求福，利萬物生長、萬民安樂，而天下便可大治，可說明當時琴歌最先是用於祭祀等的巫術行為。

《尚書》又道：“詩言志，歌詠言，聲依詠，律和聲。八音克諧，無相奪倫，神人以和。”詩歌言志，琴不過是諸多伴奏樂器的其中一種，但也能看出，當時的琴歌已經能夠為抒發個人情感而服務。在這裡，歌辭才是主體，例如《詩經》中的篇目皆可作為琴歌的辭配樂歌詠，這些詩歌通俗易懂，且具有浪漫主義色彩，廣為人們喜歡。琴歌已經不僅用於祭祀禮儀，也不限於皇家帝王所用，在民間，琴歌也開始流行了。

到了兩漢時期，由於受到儒家思想的影響，琴的地位也越來越高，琴的樂教功能也開始形成。琴“以修身理性，反其天真”（蔡邕《琴操》），人們賦予了琴“禁邪”“守正”等內涵，故曰：“八音廣博，琴德最優”（桓譚《新論》）。

這時候湧現了一批琴家，例如司馬相如、蔡邕父女、桓譚等人。

司馬相如“琴挑”卓文君的故事便是琴歌《鳳求凰》的題材。蔡邕所撰寫的《琴操》中列有歌詩五曲、十二操、九引，另提到河間雜歌二十一章，這些作品也皆為琴歌。又例如琴歌《飲馬長城窟行》《文王受命》等題材，可見兩漢時的琴歌故事性特徵顯著，並有一定的情節，這也與當時的采詩制度（朝廷專設樂府，以採集民間歌辭，作為瞭解民情之用）有關。

到了魏晉南北朝，文人琴興起，並逐漸成為主流。琴歌的教化功能已不如前朝那麼明顯，反而多用以抒發琴人內心感受。當時大部分文人也都以善琴著稱，如阮籍、嵇康、劉琨、左思、鮑照、陶淵明等人，所以古琴音樂和文學的結合也是這個時期的主要表現。由此，琴歌無論在數量或品質上都有了很大的飛躍，其創作題材也得以拓寬。文人們大多主動投入到琴歌的創作之中，以琴與辭抒懷言志。

隋唐時期，是琴歌發展的又一高峰，雖然當時在秦箏羌笛等音樂形式的強烈衝擊下，古琴似乎被冷落了，但是由於唐詩的鼎盛興旺，文人聽琴賦詩的雅興不減，寫下了大量琴詩、琴歌辭，且唐詩本身也可入樂，所以唐代的琴歌藝術是中國琴歌史上的一顆璀璨的明珠，為後世提供了大量富有價值的材料。例如，根據“詩佛”王維送別詩《送元二使安西》而創作的琴歌《陽關三疊》，根據柳宗元《漁翁》所創作的《漁歌調》（又稱《極樂吟》），都是今天傳唱最為廣泛的琴歌。

在這之前，琴歌的文獻都有著有詞無譜的遺憾。最早的琴歌譜——薑夔的《古怨》和《事林廣記》裡的《黃鶯吟》，皆從宋元傳出。宋代，由於社會相對穩定，文人的地位有所提高，古琴作為文人趣味中極為重要的一種，而受到士大夫們的重視，他們多數都琴不離身。此時，古琴不僅延續並體現了儒家思想，還折射出道家的出世情懷。如沈遵根據歐陽修《醉翁亭記》所創作的琴曲《醉翁吟》，後被大文豪蘇東坡填詞詠唱，表現的正是娛情山水的閒逸。

而隨著琴學理論的發展，琴人對琴歌的研究也逐漸系統化。如朱長文的《琴史》、鄭樵的《通志》等，都對琴歌有著不同方向、不同觀點的闡述。此外，宋人郭茂倩所編輯的《樂府詩集》，是一本總括了上古至唐樂府歌辭的總集，把五千多首樂府詩歌分為十二大類，每類有總序，每首曲都有解題，各種民歌歌辭得以保存和流傳，為琴歌藝術的研究留下了極為重要的一筆。只是在不知不覺中，古琴純器樂的形式漸為人們所推崇，甚至有超越琴歌之勢，這也給後來琴歌的衰微埋下了伏筆。

明代初期，琴歌仍然興盛，在明代傳世的三十幾部琴譜裡，有近半數都附有歌辭，例如《浙音釋字琴譜》《伯牙心法》《琴適》《理性元雅》《綠綺新聲》等。可見當時的琴歌創作還是比較活躍。而到了明中後期，琴歌開始由盛及衰。

明代琴壇最重要的特點是形成了具有地方特色的琴派，呈百家爭鳴的興盛之勢。其中最具影響力之一的浙派，特別是徐門浙派，皆是主張琴樂的純器樂發展，其中的傳曲大都是沒有配辭的。另一徐門傳承人肖鸞，編有《杏莊太音補遺》，強調“去文以存勾踢”，認為琴樂當去掉文辭，只需以純樂的形式存在。

清代黃慎《攜琴仕女圖》，現藏於泰州市博物館

虞山琴派創始人嚴澄主張“清、微、淡、遠”的琴樂風格，曾對琴壇上出現的濫填文辭的風氣做出嚴厲的抨擊。他編有《松弦館琴譜》，後被收錄於《四庫全書》，其中的《琴川匯譜序》，闡述了虞山琴派的琴學宗旨。他認為：“今之聲五音固自譜，而求之於文，無當也。”他的意思是，有些琴曲只是純器樂的，本身就沒有配歌辭，而一些琴人熱衷於逐音配文，為其加上歌辭，這是不恰當的。又道“蓋聲音之道，微妙圓通，本於文而不盡於文，聲固精於文也。”琴音之妙在於聲音的表現力，而不盡在文辭中，而且音樂所表達的

情感，也是文辭不能及的。“吾獨怪近世一二俗工，取古文辭，用一字當一聲。又取古曲，隨一聲當一字，屬成俚語，而謂能文。”更有甚者，填出來的歌辭不符合音律，邏輯混亂鬆散，平庸呆板，毫無美感，一首琴樂就這樣被毀了。嚴澄並不是要全盤否定琴歌，他只是對那種一字配一聲的濫配歌辭的做法表示反對。

明末到清代，琴歌慢慢走向衰落，只有韓畕、莊臻鳳、東皋心越禪師、張鞠田等人還在致力於琴歌的創作。在清代傳世的數十部琴譜中，只有《琴學新聲》《松風閣琴譜》《東皋琴譜》《張鞠田琴譜》等幾本琴譜中有記載琴歌的。這時候的琴歌體裁短小、指法簡單，有人認為這些琴歌都難登大雅之堂，只能是當作民間小調哼哼而已。琴人對琴歌的重視程度慢慢減弱，甚至會以學習或創作琴歌為恥，這也大大阻礙了琴歌藝術的發展。

這種情況一直延續到現當代。1956 年，琴家王迪、查阜西等人組成了調查組對全國十八個地區進行採訪和琴歌採集，收集到的琴歌只有七首。數千年來的琴歌之聲，仿佛悄然淡出。查阜西先生曾介紹過當時的一種抵觸琴歌的狀況：“作為一個琴人，我是從琴歌學起的，我從十四歲到二十七歲，一直是彈必有唱，後來有人教我‘歸口虞山’，我就不敢當眾演唱了。當我開始彈《憶故人》和《梅花三弄》兩個無詞琴曲時，我在情緒上還多少有些抵觸。我很懷疑，一個琴曲沒有詞，怎能知道是些什麼意思呢？後來到任何地方遇到的琴家，幾乎全是只彈而不唱，我才噤若寒蟬，怕人輕視我是‘江湖派’！”

清代禹之鼎《幽篁坐嘯圖》

此話可見當時對琴歌的不重視，甚至是看不起的情況。

幸而他們並沒有因此而放棄對琴歌的傳承。後來，查阜西開始搜集琴歌譜，並對《古琴吟》《胡笳十八拍》《古怨》《蘇物思君》等琴歌進行了打譜，並寫有多篇文章來闡述演唱技巧、演變歷史等關於琴歌的研究。例如，《琴歌辨》《琴歌譜例雜言》《琴歌譜序》《琴歌的傳統與演唱》等，為琴歌藝術的發展做出了巨大的貢獻。

另有琴家王迪，也在發掘整理琴歌的工作上面花費了大量的心血。1983年，他編寫了《琴歌》一書，收錄了如《黃鶯吟》《長相思》等五十多首琴歌，其中近五十首都是王迪親自打譜而成的。

而今，雖然琴歌並不及古琴純器樂彈奏那麼流行，但也開始有越來越多的人關注琴歌藝術，有些受過專門聲樂訓練的人也都開始嘗試古琴吟唱。這種以人聲與琴聲相融相和的藝術，漸漸復蘇，是可喜的現象。

四、古琴與養生

養生，在《莊子》一書中有載："緣督以為經，可以保身，可以全生，可以養親，可以盡年。"從廣義上說，養生是指人們通過各種方法，使精神與肉體，融合於"道"中，這裡的道是指宇宙萬物的終極規律。而狹義的養生，是指通過具體的方式調整身心、增強體質、防病治病，從而達到延年益壽的一種醫事活動。

在眾多的養生學派中，精神養生又是養生之道中最為重要的一種。在《黃帝內經·素問》中提到："恬淡虛無，真氣從之，精神內守，病安從來。"提倡的是淡泊平和、清靜少欲。若是如此，病又從何來？這與古琴中正平和、清微淡遠的審美意趣異曲同工。於是古琴不僅是一種樂器，停留在表面的藝術享受，也不僅是中國傳統文化的代表，更有改善情志、調整身心，以使人達到心血平和的健康狀態的功用。

首先是鼓琴的形態及運指手法等，對於人的經氣運行都有著積極的作用。古人認為"流水不腐，戶樞不蠹"，故創立了導引之術。導引之術，如五禽戲、八段錦、易筋經以及後世種種健身氣功。通過導引運動，暢通經絡氣血，長養精神臟腑，達到祛病延年的目的。這種運動，與古琴修習一樣，注重內煉精氣神，強調煉養結合。動靜合一，與天地相應，效法自然是其共同的哲學思想。

各門派的導引功法基礎均要求"鬆"與"靜"，通過調身、調息、調意達到人體精神與肉體的放鬆，進入一種更為有序的氣血運行狀態之中，與各種傳統文化一樣，古琴與導引養生術，其主要特徵都是往內而求，視己身為無盡藏，而非馳心逐物，向外求索學習。

“鬆”和“靜”，並非鬆鬆垮垮，而是要求攝心凝神、心無旁騖、含胸拔背、沉肩墜肘，要避免用力過甚，肌肉緊張，在導引鍛煉中對剛柔、虛實、動靜、鬆緊的把握與體會殊為不易。在操琴時，也需全身放鬆，心虛意澄，虛實相間，輕重緩急有致，方可能進入“窺曲隨手，意存弦外”的境界。

國際中醫養生食療學會理事長李春源博士說到古琴對心理健康的作用時有這麼一段話：“彈琴能使腦、心、身處於半休眠狀態，是良好的養心、養身、養生之道。彈琴的左手指法吟、猱、綽、注等對手太陰肺經、手厥陰心包經、手少陽三焦經等有促進經氣運行的作用。右手彈撥手法包括抹、挑、勾、剔等，對手三陰三陽經的經氣也有促進作用。彈琴時端正坐姿、含胸拔背、氣易自腰背發出，有助背部督脈和足太陽膀胱經的經氣運行。”

關於養生與古琴的關係，相信每個人都有這種心理體驗：當心情煩悶時，聽到一段悅耳的樂曲，一剎那，所有的煩惱都被拋至九霄雲外，身心愉悅。仙丹靈藥，亦莫過於此。此時的你，當可真正體會到中文“藥”字的深刻含義。“藥”字的組成是“草”與“樂”除了可理解為音樂是一種治病的良藥外，也可說古人認為治病用的藥其實是一種音樂，這種音樂是用“草”作為載體作用於人的，藥的本質是一種優雅的韻律，一種美麗的共振。音樂講求的是

清代黃慎《伯牙撫琴圖》

和諧，中醫辨證處方的目的也是恢復患者氣血陰陽的平衡，處方配藥類同於編曲創作。

據物理學弦理論中的觀點："自然界的基本單元，不是電子、光子、中微子和誇克之類的點狀粒子，而是很小很小的弦。弦的不同振動和運動就產生出各種不同的基本粒子。"弦理論中的宇宙弦可以做某些模式的振動。每種振動模式都對應有特殊的共振頻率和波長。以此言之,我們現實的物質世界,其實是宇宙弦演奏的一曲壯麗的交響樂。

從這個意義上說，藥者，樂也，有一定的科學理論支撐。好的音樂能使人得到共鳴，起伏偏頗的情緒在恰當的音符調理之下，恢復平衡，回到恰當的"振動模式"。或許藥真的是一種音樂，通過對不同共振頻率的干預，使人體恢復到中醫強調的健康基本條件"陰平陽秘，精神乃治"。

關於古琴五音（宮、商、角、徵、羽）與人體五臟（心、肝、脾、肺、腎）、人的五志（思、憂、怒、喜、恐）的聯繫，在許多古籍中都有闡述。例如《素問·陰陽應象大論》中提到，宮音屬土，入脾；商音屬金，入肺；角音屬木，入肝；徵音屬火，入心；羽音屬水，入腎。

古琴的音樂療法可借此為依據，利用五行的相生相剋來進行。例如，徵音屬火，羽音屬水，而這兩個音在音程上屬於大二度，為不諧和音，所以彈出來會彼此不融合，顯得有點刺耳，此謂相克。

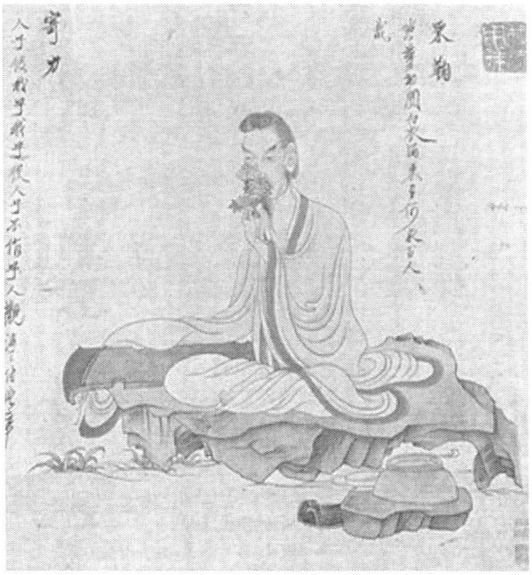

祝鳳喈像

清代的琴家祝鳳喈曾對古琴五音的音樂特性進行分類細述："宮音，和平雄厚，莊重寬宏。商音，慷壯哀鬱，慘憮健捷。角音，圓長通澈，廉直溫恭。徵音，婉愉流利，雅麗柔順。羽音，高潔澄淨，淡蕩清邈。"所以，過思者，會傷及脾臟，聽宮音可得平和。可聽宮調的古琴曲《洞天春曉》，"此曲之妙，從容和順，為天地之正音"（《五知齋琴譜》）。過憂者，會傷及肺臟，聽商音可得慷慨振奮，可聽商調的古琴曲《墨子悲絲》或者《列子禦風》等，可用本髒音治療本髒病。

由此可見，琴學與醫道的關係。當然，這些都只能作為音樂養生治療的參考，需要融會貫通，不能作為死標準。

得益於科技的進步，生活的便利性大為提高，但同時對優質資源的佔用欲望亦在膨脹。盡可能大地提高自己獲取資源的能力，盡可能地在競爭中脫穎而出，快速地獲得更多的資源，成為一個時代特徵。世界駛進了一個“快車道”，從汽車司機的駕駛，到電視播音員的報導，以及大眾流行的音樂，都講求“快”。激烈的社會競爭、病態的快節奏生活與急劇膨脹的欲望，也促使壓力的激增，心態的緊張和混亂，從而導致今日人群普遍的亞健康狀態。長期的壓力和不良情緒的積累嚴重影響著人們的身心健康。“心病仍需心藥醫”，面對急與燥的社會病，古琴是一味對症良藥。

古琴對養生之效有別於其他傳統樂器，是由於古琴特有的音色。琴音古朴低沉、深厚韻長，能引領聽者進入一種幽遠深邃之境；偏低音訊的樂聲可讓人舒緩緊張，鬆弛神經。古琴圓潤的曲調、輕柔的力度，亦有安撫心靈的作用。

古琴彈奏的低能量輸入、琴音的低頻律動、琴韻的清微淡遠、音色的中正平和、琴樂的舒緩開展，能直接對人們的心腦引發共振，針對當代社會病態的快速與緊張，可以起到明顯的緩衝作用，讓心靈獲得舒壓消恨的調節。

所以，越來越多的道家、佛家門人加入琴人的行列，也是因為琴有安心靜氣的功效。如清譜《五知齋琴譜》所言：“志躁者，感之以靜；志靜者，感之以和。和平其心，憂樂不能入，任之以天真，明其真，而返照動寂，則生死不能累。”

於是，我們可以把古琴音樂存在的微妙力量，應用到養生的領域。人們無須學會彈琴，便可享受到琴樂養生之福。

第五編　琴人的故事

琴人不僅是古琴的傳承者，還是琴事的演繹者。我們可能聽過"高山流水""聽琴認妻""楚囚對泣"等故事。但不一定清楚這些故事與古琴的淵源。本編選取了一些影響極廣的琴人，帶我們走進那些古琴背後的故事。

一、伯牙移情學琴達虛靜

俞伯牙，是春秋戰國時期的一位著名琴家，精通音律，琴藝高超。《荀子·勸學篇》中說道：“伯牙鼓琴而六馬仰秣。”意思是，伯牙彈琴，動聽的樂音引得正在吃草料的馬兒都停下來，抬頭側耳傾聽，可見其琴藝之高。

伯牙曾拜琴師成連學琴。在唐代吳兢《樂府古題要解·水仙操》中詳細記錄了伯牙如何學成琴藝，成為一代名家的故事。

伯牙在師父成連的門下潛心習琴，一學三年，因他孜孜不倦的勤奮和極高的天賦，再加上良師的悉心指導，伯牙的琴技大有進步。他的琴音悅耳動聽，指上技法也是嫺熟自如，在當時琴人水準之中已算頗高。但伯牙還是不滿意自己所彈的琴音，總覺得怎麼也做不到用平靜的心態與琴中之境相溝通，來達到物我兩忘的境界。所以，伯牙彈出來的琴曲，雖然動聽，卻還是缺乏一種難以言說的韻味。《樂府古題要解·水仙操》中說他的狀態是：“精神寂寞，情志專一，尚未能也。”為此，伯牙十分苦惱，再怎麼用功，琴藝水準似乎就在這裡停滯了下來，無法向前再邁一步。

伯牙把心中的煩惱告訴了師父成連，成連對他說：“這些年，我把自己所知的所有琴技都傳授給你了，我也只能這樣教會你彈曲，至於曲外的感受，我是無法告訴你的，只有通過自己的領悟，在注意力高度集中的狀態下，才能達到指、琴、音、意相融合。”伯牙歎息道：“我已嘗試了多遍，就是沒有辦法做到，莫非我的琴藝只能到這個水準了？”成連笑說：“不要氣餒，我的老師方子春，現隱居於蓬萊島上。他的琴學修養在我之上，琴音‘能移人情’，或許能解決你現在的困惑。你且隨我一去，把你的苦惱告訴他，或有收穫。”

伯牙大喜，遂於師父成連一同赴蓬萊島。他們剛一上島，成連便對伯牙說：“我要去迎接我的老師方子春，你在這裡好好練琴，等我回來。”於是，劃槳而去，把伯牙一個人留在了這個無人島上。

伯牙閑極無聊，便坐下來靜靜地看海。舉目眺望，海上波濤洶湧如萬馬奔騰，浪花激濺，發出轟裂之響。海鳥在空中飛旋，鳴叫聲悠揚動聽。再看島上山林樹木，一片清新的綠，沁人心脾。伯牙一下子被眼前所見迷住了，仿佛自己也是這美妙仙境的一部分，竟忘了自己是來學琴，是來解決琴藝上的困惑的。

過了很久，伯牙突然回過神來，頓悟道："莫非這就是老師說的天人合一的境界嗎？原來老師是要讓我移情啊！"於是盤腿而坐，拿出琴來放在膝上，撫琴而歌，頓時感覺心境開朗，似乎進入了一個意象融凝的世界。只有自然，只有琴音，只有自己。他能在這個世界裡透過指上弦音體會出自由充實的感受。這種感覺，超越了外物與內心的對立，達到真正的物我兩忘。伯牙終於明白了，自己缺的正是這種感受。

一曲盡，成連剛好划船回來。伯牙高興地迎上，把剛才自己心中的領悟

“古琴台”，又稱“伯牙台”，中有伯牙撫琴石像，位於湖北省武漢市

告訴了師父，成連笑說：“你已經學會了。”

後來，伯牙成為名聞天下的鼓琴妙手，至今仍為人們所稱道。

關於這個故事中所說彈琴時的“移情”，便是自然對性情的陶冶，開闊鼓琴者的心懷，以達到心神統一，不為外俗煩擾，並把此情表現在琴音中。琴不是牽制心之物，而往往鼓琴者心中卻有太多的顧慮和刻意。所以，許多琴人都喜歡在山水幽靜之地彈琴，絕去塵囂，淨化性靈，得到心靈的釋放，才能把內心和琴音融合在一起。

《莊子·天道》有曰：“虛靜、恬淡、寂寞、無為者，天地之本而道德之至也。”而這，也是鼓琴者所需追求的“精神寂寞，情志專一”的境界。恬淡，讓理性與欲望得到沉息，摒棄心中雜念，是藝術創作的前提，也是移情的功效。琴之妙趣，要的便是恬淡有味，這不也正是為人處世之道嗎？

二、伯牙子期高山流水會知音

提及古琴，今人必會想到《高山》《流水》之曲，當然也想到“知音”一詞。這是關於伯牙“高山流水會知音”的故事。在《呂氏春秋》中有記載：“伯牙鼓琴，鐘子期聽之，方鼓琴而志在泰山，鐘子期曰：‘善哉乎鼓琴！巍巍乎若泰山。’少選之間而志在流水，鐘子期又曰：‘善哉乎鼓琴！洋洋乎若流水。’鐘子期死，伯牙破琴絕弦，終身不復鼓琴，以為世無足複為鼓琴者。”這個關於伯牙與子期的故事在《列子》《荀子》《韓非子》中都有所記載。

據說，當年伯牙為晉國大夫時，奉命出使楚國。伯牙走的是水路，卻在中秋之夜，偶遇江上風雨，唯有把船停泊在山崖下的岸邊。不一會兒，風停雨歇，烏雲頓散，露出的月光分外皎潔。伯牙深呼吸一口，覺得神清氣爽，於是取出隨身之琴，放於膝上開始彈奏起來。靜謐的月夜，因伯牙的琴音，更顯得寧和。

一曲已盡，伯牙抬頭一看，才發現岸上來了一位身披蓑衣的樵夫，正在旁閉門聽琴。伯牙奇怪，樵夫如何能聽得懂琴，於是想試一下他。他眺望遠山，看到山之巍峨，抬手撫上一段，然後請樵夫辨識一下琴曲中的意思。樵夫道：“先生彈琴彈得太好了，琴聲巍巍，如若雄偉氣壯的大山。”伯牙暗吃一驚，再看四周滔滔江水，把這流淌暢快的感覺彈到了曲子裡，樵夫又道：“先生彈得太好了，琴聲洋洋，如若奔騰流淌的江水。”

伯牙大喜，自從當年跟隨成連學琴，因受移情所引而悟得彈琴的要訣後，便善於用琴音來表達心意，可惜一直沒有找到能聽懂他蘊藏在琴聲裡心意的人。而今竟在這個荒山之地，遇到久覓未果的“知音”人，實在是相逢恨晚。一問姓名，樵夫自報為鐘子期。兩人當即結拜，並相約來年此時再到此處相聚。

這就是“知音”一詞的來源。

次年中秋，伯牙如期來到當日與子期相見的地方，卻久不見人來。伯牙心急如焚，相信子期並不是會因輕視而遺忘的人。難不成發生了什麼重要的事，讓他來不了？天一亮，伯牙就急忙進村去找子期，遇見一位老人，老人告訴他，子期已經不幸染病去世了。

伯牙心裡如晴天霹靂，悲痛萬分。按老人指示找到了子期的墓，在墓前一遍又一遍地彈琴，希望子期冥冥之中還能聽到他的琴聲。曲罷，悲痛欲絕的伯牙突然拉斷了琴弦，隨著刺耳的一聲響，把終身的絕藝都凝固在此刻。然後起身把琴摔在地上，悲歎道：“我唯一的知音已不在人世，這琴還彈給誰聽呢？”

伯牙和子期的知音之誼，成為一段膾炙人口的佳話，廣為流傳。其中所表現的人與人之間純真的感情，如甘露般滋潤著每個人的內心，值得我們倍加珍惜。

明代馮夢龍在《警世通言》中寫了一篇《俞伯牙摔琴謝知音》，把伯牙心中的悲痛表現得淋漓盡致，全文如下：

> 浪說曾分鮑叔金，誰人辨得伯牙琴！
> 于今交道好如鬼，湖海空懸一片心。
> 憶昔去年春，江邊曾會君。今日重來
> 訪，不見知音人。但見一抔土，慘然
> 傷我心！傷心傷心複傷心，不忍淚珠
> 紛。來歡去何苦，江畔起愁雲。子期
> 子期兮，你我千金義。
> 歷盡天涯無足語，此曲終兮不復彈，三尺瑤琴為君死！
> 摔碎瑤琴鳳尾寒，子期不在對誰彈！春風滿面皆朋友，
> 欲覓知音難上難。勢利交懷勢利心，斯文誰複念知音！
> 伯牙不作鐘期逝，千古令人說破琴。

“春風滿面皆朋友，欲覓知音難上難。”人生不遇之感懷，在這千百年來，引得無數人的共鳴，連宋代功將岳飛也曾歎曰：“欲將心事付瑤琴，知音少，弦斷有誰聽？”

元代王振鵬《伯牙鼓琴圖》（局部）

關於《流水》這一曲目，在數千年流傳過程中，已形成不同的傳譜，今日所彈的《流水》最早見於明代的《神奇秘譜》，後來由清代琴家張孔山改編錄入《天聞閣琴譜》。《神奇秘譜》中關於《高山》《流水》之曲的解題為：“高山流水二曲，本只一曲。初志在乎高山，言仁者樂山之意。後志在乎流水，言智者樂水之意。至唐分為兩曲，不分段數。至宋分高山為四段，流水為八段。”而張孔山所傳的琴譜，增加了“滾”“拂”手法表現浪花飛濺、激流迴旋之勢，也就是現在所稱的“七十二滾拂”。

三、百里奚相堂聽琴認妻

《風俗通》裡寫有這麼一個故事。

春秋時期楚國宛邑（今河南南陽）一尋常百姓家，有位名為百里奚的才士，他滿腹經綸，才學過人，卻空有雄才偉略，無人賞識。在當時，楚國的宗法制度有規定，平民百姓是不可能做官的。百里奚家有一妻杜氏，勤儉持家，奈何家徒四壁，常常連吃飯都成問題。

夫妻倆考慮再三，還是決定讓百里奚出遊列國。杜氏相信，以其夫的才華，終有一天會受到重用。這樣，他不僅可以施展抱負，而且可以解決家裡的生計困難。百里奚依依不捨，戀戀難行。杜氏勸慰丈夫說："妾聽說'男子志在四方'的說法，你正是壯年，而且博學多才，怎能在家守著妻兒，而不出外闖一番天地呢？妾能照顧好家，請勿想念！"

百里奚臨行前，杜氏為了與他餞行，把家裡一隻還在下蛋的母雞煮了，劈了木門門閂做柴，舂了黃米，讓他飽餐了一頓，並流著淚囑咐說："富貴勿相忘！"

百里奚開始了他的周遊生涯，首先來到齊國，卻因無人引薦而得不到入仕的機會。這個時候，百里奚已經四十歲了，沿途乞食去到虞國。在朋友蹇叔的舉薦下，當了個大夫。後來虞國被晉國所滅，百里奚成了晉國的俘虜。

當時的秦國國君秦穆公正要迎娶晉國晉獻公的長女伯姬，百里奚便作為陪嫁的奴隸，被送到秦國。秦穆公早就聽說百里奚之名，知道他是一個能助秦國成業的人才，便在秦宮等候他的到來。誰料百里奚並沒有安心前赴秦國，而在去的路上，逃回了故鄉——楚國。

秦穆公愛才心切，四散手下尋找他，得悉他在楚國為楚君當了一個養馬人。當時百里奚的妻子杜氏因為貧困無法養活自己和兒子，已經流落他方，不知去處了。百里奚十分難過，打算一邊為楚君養馬，一邊打聽妻兒的消息。

秦穆公知道了百里奚的去向，大喜，當即要拿重金去贖他回來。秦國的謀臣勸說："讓百里奚養馬，那定是楚君不知道百里奚真正的才能，如果大王用重金去贖，如此大費周章，反而讓楚君生疑。楚君知道了百里奚能夠助政，必定留作自用，還能放他回來嗎？"

秦穆公問道："卿有何辦法，讓百里奚離開楚國，來到秦國呢？"

謀臣想了一會，回答說："大王只需貴物賤買，告訴楚君，我國有賤臣百里奚逃到了楚國，大王要贖回他而加罪，以警示其他人。"

百里奚像

秦穆公喜道："善也。"於是派使臣帶上五張羊皮，去向楚君贖回百里奚。楚國自然不願為了一個馬倌而與秦國交惡，一聽緣由便馬上應允了，把百里奚交給了秦使。

百里奚來到秦國，被秦穆公引為上賓，方知秦穆公用意。為報秦穆公知遇之恩，百里奚向他大談了數日富國強兵之道，句句中理。秦穆公即知這次果然沒有看錯人，馬上任之為大夫，號稱"五羖大夫"，取意是用五張黑公羊皮換來的人才。

果然，百里奚憑著自己的才能，為秦穆公出謀劃策，增修國政，又薦拔賢才。秦國可成為後來的春秋之霸，可說有百里奚的一份功勞。

百里奚任官期間，勤勉政事，深受人們的愛戴。有一天，百里奚在府中宴請賓客，觥籌交錯，樂聲連連，好不熱鬧。在府上一位洗衣老婦聽到音樂，向百里奚的近身侍從請求，讓她在席間奏琴一曲。百里奚正是高興時，既然是助興之事，也就欣然同意了。

老婦端坐琴前，輕撫琴弦，一曲與是時場景並不相配的淒婉哀怨之音緩緩淌出，如泣如訴，聲聲誠懇，讓堂上的人都掩袖拭淚。

老婦邊彈邊唱道："百里奚，五羊皮！憶別時，烹伏雌，舂黃齏，炊扊扅。今日富貴忘我為？百里奚，五羊皮，父梁肉，子啼饑。夫文繡，妻浣衣。嗟乎！富貴忘我為？百里奚，五羊皮。昔之日，君行而我啼。今之日，君坐而我離。嗟乎！富貴忘我為？"

這位洗衣老婦所唱歌辭分明在怨訴著："百里奚啊，五張羊皮！回想昔日離別的時候，烹煮了母雞，舂了黃米，劈了木門門閂，如今你已得富貴可又忘了原妻？百里奚啊，五張羊皮！父親吃肉，兒子卻因為饑餓而啼哭不止。丈夫穿著錦繡華衣，妻子卻以為別人洗衣為生。唉，你可是得了富貴忘了原妻？百里奚啊百里奚，五張羊皮！當年你要遠行，我悲戚難耐。今日，你任得高官而我卻還是顛沛流離。唉，你可是已得富貴而忘了原妻？"

歌聲委婉哀怨，百里奚一聽大驚，這一句一句的責怨，狠狠地敲打在他的心上。歌辭中的每一句話，就是一個場景，曾無數次出現在他的夢中。他顫抖著腳步，跌跌撞撞地來到老婦面前，眼中早已溢滿了淚水。

杜氏已不復當年的青春容顏，歲月坎坷被雕刻成臉上的皺紋，訴說著這些年的不容易。百里奚心一抖，與妻子杜氏相擁而哭。此刻無言，只剩下方才動人的琴聲，在彼此耳邊回蕩，縈繞不散……

從此，"杜氏鼓琴責夫，百里奚相堂認妻"的故事被人們傳為了佳話。

四、楚囚鐘儀鼓琴奏鄉音

成語“楚囚對泣”便是源於這個故事，出自《左傳·成公九年》。

鐘儀，是春秋時期楚國的大臣，被稱為“鐘鄖公”。史書記載，鐘儀家裡世代為宮廷琴師。他自小習琴，也是當時出色的七弦琴琴師。

那時候正值政局動盪，諸國征戰不斷。楚共王對鄭國起了強佔之意，於是派公子嬰齊率重兵向鄭國攻去，鐘儀亦被派隨軍出征。由於鄭國與晉國結盟，兵力強大，楚國並不能佔有優勢，幾戰下來，各有勝敗。楚國見不能敗鄭之勢，為保存實力，唯有退兵。

可惜的是，鐘儀在戰場上被鄭國俘虜。為示友好，鄭國抓住鐘儀後，作為戰利品，又轉交給了晉國。

鐘儀雖淪為楚囚，可心中掛念家鄉，時刻不敢忘記自己是個楚國人。所以即使被晉國拘禁，仍身著楚國的衣裳，頭戴的帽式也是南方楚國的樣式。他滿腔的愛國之情溢於言表，表示雖身為奴，卻不會屈從的精神。

鐘儀就這樣被囚在晉國兩年。直到有一天，晉景公來軍中視察，看見一個頭戴楚國帽子的囚奴，便好奇地問：“這個人是誰？為什麼穿這樣的衣服？”軍府的人回答說：“他是鄭國獻給大王您的俘虜。”晉景公當即明白了這個囚奴為什麼要穿楚國的衣服，並敬重這位楚囚的愛國之心，於是命人解開鐘儀身上的捆繩，把他召喚到面前。

鐘儀向晉景公行了禮，晉景公問及他所在家族。鐘儀不想多說，只是回答道：“我是一位伶人。”晉景公又問：“那你會演奏音樂嗎？”鐘儀答曰：“當然會，我家世代都以奏琴為業，我不敢忘記家訓。”

於是晉景公傳令拿來一張七弦琴，說：“你現在彈首曲子給我聽聽吧。”

鐘儀便領命開始調弦奏樂，彈的是楚國的樂曲，唱辭也是楚國的口音。這也說明了，在當時，琴樂已經出現了鮮明的地方風格。

一曲已盡，晉景公不對鐘儀所彈之曲做出評論，反而問他："你覺得楚國君王楚共王為人如何？" 鐘儀深知，身為臣子，不該妄論君王是非，所以拒不回答這樣的問題，說："此非小人所能得知的。" 晉景公一聽就不高興了，反復追問，鐘儀也只是說："楚王做太子的時候，朝向公子嬰齊請教，夕向公子側請教，如此而已，不知道其他的事情了。"

晉景公把這件事告訴了晉國的大臣範文子，範文子對鐘儀十分佩服，道："這個楚囚，是個君子啊！他言辭間說起先祖之琴業，說明他不忘根本。他身為俘虜，卻敢在晉公前操弄家鄉的琴曲，證明他不忘故舊。晉公再三逼問，他才說出一件楚君做太子時的事，證明他沒有私心，尊崇君主。不忘根本，是仁；不忘故舊，是信；沒有私心，是忠；尊崇君主，是敏。所謂仁能接理正事，信能堅守正事，忠誠能成就正事，敏能推行正事。所以事情再大，也一定能成功的。晉公何不把這位君子放回故里，便可借此來讓晉國與楚國交好！"

晉景公聽取了範文子的建議，禮待鐘儀，並擇日把鐘儀放歸楚國，讓他向楚王傳達晉國願意與楚國修好的意思，讓雙方可以罷兵講和，以減免生靈塗炭。

鐘儀把晉景公的意思帶回楚國，並促成了雙方的結好。

後人皆以"鐘儀楚奏"來表示人們思念故鄉的心情。東漢王粲的《登樓賦》中有句："鐘儀幽而楚奏兮……人情同於懷土兮，豈窮達而異心？" 鐘儀奏楚樂，其思念故國、懷念鄉土的心人皆有之，怎麼會因為不得志或者顯達而起了異心呢？

初唐四傑之一的楊炯在其詩《和劉長史答十九兄》中也寫道："鐘儀琴未奏，蘇武節猶新。受祿甯辭死，揚名不顧身。精誠動天地，忠義感明神。" 用"鐘儀琴"和"蘇武節"來表示忠貞的愛國情操和民族氣節，成為忠君愛國的典型代表。

鐘儀的琴音，不僅是春秋時期七弦琴樂的代表之一，還是中華民族精神脊樑的標誌之一。

五、蔡邕聽琴聞殺音造焦尾

蔡邕的這些故事，記載在《後漢書·蔡邕傳》中。

蔡邕，字伯喈，陳留圉（今屬河南省開封市圉鎮）人，東漢的文學家、書法家。蔡邕除了通曉經史、辭賦、篆刻、書法外，還是著名的琴師，妙操音律，創作過許多琴曲，寫就《琴操》一書，後世曾道："伯喈曠世逸才。"他能從琴音中辨出彈琴者的情緒狀態，也能靠聽音辨得制樂器的良材。

蔡邕還在故鄉陳留圉的時候，與鄉里的關係都很好，總會邀請三五好友來家裡相聚，鄉里擺筵席也都會請他出席。大家都喜歡他的琴聲，興極處會讓他在席間為座上賓客彈上一曲。

有一天，蔡邕有個鄉里設宴，邀請他去作客，並說是還請了另一位琴師來助興，讓他一定要到。鄉里盛情難卻，再說還能結識其他琴師交流琴藝，蔡邕欣然答應了。

到了赴宴的時刻，蔡邕備了禮，便趕去這位鄉里的家，遠遠便聽到從房子裡傳來美妙的琴聲，彈琴者琴技非凡，正彈到動人之處。蔡邕不由得停下腳步，在房子外面傾聽起來。

琴音流暢舒緩，溫潤如玉，讓蔡邕聽得如癡如醉，竟忘了是來赴宴的。蔡邕心想：果然是鼓琴的高手，一會兒一定要好好討教。正在此時，琴聲突然大變，剛烈似劍，冰冷的韻律下突發狂亂的殺氣，仿佛藏在風雨之中驟然撲面而來，讓人躲避不及。一陣驚悸直透心底，蔡邕警惕起來，頓感不妙：琴音中隱藏著這麼強烈的殺氣，這是不祥之聲。屋裡一定有什麼不可告人的秘密，說不定這場宴會本就是不懷好意，要伺機加害他人。想到這裡，蔡邕轉身就匆匆往回走。

這時候，正好要進屋的僕人看見蔡邕在往自家趕去，就想叫住他。結果他當作沒聽見，加快了腳步。僕人心生疑惑，便稟告了主人："蔡君已來至門口，卻不知為何，連門都沒進就往回走了。"

蔡邕像

主人也不明白緣故。蔡邕的品性一向受到大家的推崇，和藹可親，待人有禮，不至於設宴邀請而不至，更不會沒有緣由過門不入。宴會的主人想：一定是自己照顧不周，有什麼地方得罪了蔡邕，他才會連招呼都不打就走了。於是，主人馬上追出門去，要問個究竟。

當他追到蔡邕時，蔡邕還是一身冷汗，氣喘吁吁，一副驚怕的樣子。主人問及過門不入的原因，蔡邕反而責問："我與你並無過節，平日也和氣相處，你為何設下這麼的一個局來陷害於我？"主人聽了，更是莫名其妙，不知為何。蔡邕見他這樣，才想到會不會是一場誤會，又說："我在門外，聽門內彈琴，琴聲充滿殺氣，必是生了殺機，這又是為何？"主人說道："我也不知道是怎麼回事，今日設宴，邀請的賓客都是善人，不可能會暗藏殺機加害於你，蔡君且隨我回去，一問便知。"

蔡邕看他誠懇，而且平時確實也並無矛盾，應該沒有加害的動機，所以就隨主人回去，要把事情弄個明白。

房子裡剛才彈琴的琴師聽了主人和蔡邕的疑問，大笑了起來，解釋道："這真是一個誤會啊！剛才我在院子裡彈琴，看見一隻蟬在鳴叫，蟬後正有一隻螳螂，欲撲上去抓蟬。蟬似乎覺察到危險，似有飛走之勢。我看到這一幕，心裡替那只螳螂緊張，只擔心它抓不到那只蟬。可能正是這樣，才在琴聲中表現出殺機，嚇著蔡君了。蔡君能聽出樂音中所隱藏的彈琴者的心思，真是厲害啊！"

在座客人一聽，才明白就裡，都為這位琴師能把情緒表現在琴聲裡而喝彩，更為蔡邕能聽出琴音內意而感到萬分佩服。

其實，真正的琴者，除了要注重自身的彈琴技法之外，還要有對琴音的欣賞力。理解弦音之外的深意，比弦上的撥弄更難。這樣說來，蔡邕可謂是精通琴藝的能者。

漢靈帝時，蔡邕在朝中任官。因為蔡邕生性耿直，敢怒敢言，所以不得漢靈帝的歡心，還得罪了許多正受寵的宦官權臣，大家都想找個機會除掉蔡邕。有一次，蔡邕上書論政，惹靈帝大怒，那些權臣伺機進言，說蔡邕目中無君云云。靈帝一怒之下，加罪於蔡邕，把他流放北方極寒之地。

後來因為蔡邕才華橫溢，朝中一些人本著社稷之想，上書請求赦免蔡邕。當時靈帝也已經消了氣，本就不是什麼十分嚴重的事情，就赦了蔡邕的罪。蔡邕在回朝的路上，得悉有些權臣欲意要殺害他，思慮再三，還是打算帶著妻女逃走。從此，開始了他十二年的逃亡生涯。

可是，去哪裡呢？老家陳留圉是不能回了，蔡邕決定南去到吳地溧陽（今屬江蘇常州）。在吳地隱居時，蔡邕常常獨自彈琴，以抒發心中鬱結。

有一天，鄰居正在燒木做飯，火勢正旺，木在灶膛中被燒得“劈劈啪啪”響。蔡邕側耳聽了一會，就從火燒的聲音分辨出來，這塊被當作柴的木頭正是斫琴的良材——梧桐木，燒掉實在可惜。

蔡邕急忙跑到鄰居家中，也不徵求主人的意見，就把木頭從灶膛中抽取了出來，用水滅了火，然後細細端詳著這塊梧桐木被燒焦的一端，大歎：“可惜被燒了一截，幸好救得及時。”

燒火的人對蔡邕的這個舉動十分好奇：“這木頭並沒有什麼特別的地方，也不是珍稀貴重的東西，你為什麼這麼著急呢？”

蔡邕這才想起要跟主人解釋：“這塊是上等的梧桐木，是做琴的好材料，燒掉太可惜了。”主人一聽便笑了，既然這個琴癡喜歡，就成全他吧，於是把這塊燒焦的木頭送給了蔡邕。

幸好桐木剩下的部分剛好夠一張琴的長度，蔡邕將它帶回了家，精心斫制，做出了一張琴。琴聲果然美妙，渾厚沉穩，音韻悠長，是難得的好琴。因為琴尾有燒焦的痕跡，所以取名為“焦尾”。這張“焦尾”琴與齊桓公的“號鐘”琴、楚莊王的“繞梁”琴、司馬相如的“綠綺”琴並稱為中國古代四大名琴。

後來人們按照焦尾琴的制式，創造了古琴的一種琴式“焦尾式”。

六、鄒忌鼓琴勸齊王而取相

這個故事選自《史記·田敬仲完世家第十六》。

鄒忌是戰國時期齊國的大臣，他是否是一位琴藝非凡的古琴大家，我們並無考證，可是他卻以鼓琴來勸諫齊威王，由此被任相國。鄒忌為相後，更勤於進諫，革新政治，選拔良臣，使齊國一改積弱的狀況，成為霸極一時的強國。

這到底是怎麼一回事呢？

西元前 356 年，齊桓公田午之子即位，為齊威王。我們可以從《史記》所載的幾個故事裡，看到當時齊國的狀況：“齊威王元年，三晉因齊喪來伐我靈丘。三年，三晉滅晉後而分其地。六年，魯伐我，入陽關。晉伐我，至博陵。七年，衛伐我，取薛陵。九年，趙伐我，取甄。威王初即位以來，不治，委政卿大夫，九年之間，諸侯並伐，國人不治。”（《史記·田敬仲完世家第十六》）“好為淫樂長夜之飲，沉湎不治，委政於卿大夫。百官荒亂，諸侯並侵，國且危亡，在於旦暮。”（《史記·滑稽列傳》）

齊威王即位初時，不思強國勤政，卻貪圖富貴享樂，終日沉湎在酒色之中，不問政事，把國家大事都交給卿大夫等位重大臣。所以齊國上自朝廷重臣，下至地方官吏，都毫無顧忌地謀取私利，目無法紀。一時百官荒廢，國人不治。九年以來，眾諸侯國紛紛來攻，齊國之政岌岌可危，日趨衰敗。

齊威王有一個愛好，就是喜歡彈琴，每天不上朝議政，卻留在後院撫琴自樂。有一天，侍從來報，說是有一位叫鄒忌的人，自稱琴技非凡，可為大王一奏。齊威王十分高興，立即傳見，並命人擺琴，然後開始彈起琴來，想要與鄒忌交流一番。

鄒忌覲見，行禮後便大呼："大王彈得真好啊！"

齊威王一聽，勃然大怒，起身離開琴，按住腰間佩劍威脅著問："你只匆匆一見，連寡人彈琴的樣子都還沒有看清楚，一曲未盡，你怎麼就知道寡人彈得好？分明是阿諛奉承，只為討好，其實你根本不懂琴！"

"大王息怒。"鄒忌面無懼色地說，"我聽大王彈琴，大弦彈出來的聲音沉厚溫和。古人說，大弦為君，大王確真彈出了國君應有的氣度來。而小弦的聲音又明朗清亮，小弦為臣，正是賢德明相的風範。大王下指用力，急緩得當，象徵著政令。我聽琴聲，清濁協調，強弱相輔，正如四時節令。這樣的琴音，我怎能不叫好？"

齊威王聽鄒忌說得頭頭是道，句句讚揚，心中自然是輕飄飄的，誇道："先生果然很懂琴樂，善於表達，是我的知音啊！"

鄒忌聽到齊威王的誇讚，也無動容，不緊不慢地說："豈止是談論琴樂，其實強國富民的道理也都在其中。"

齊威王又稍有不悅了，認為鄒忌在信口開河："如果說到這弦上五音的道理，寡人相信沒有人能及得上先生。但是這治國家、富百姓是何等深奧的學問，又怎能體現在這小小的琴弦之中呢？實在是荒唐可笑！"

鄒忌又道："其實說起來簡單，大王衷情彈琴，與專心治國一樣，需真正地用心。五根琴弦，也表現出君臣之道。大弦寬和，為明君也；小弦清越，如賢臣。按弦急緩有道，像治國那樣鬆緊得當，強弱相得益彰，那麼琴音和諧，政治亦就昌明了。所以說，強國富民的道理，就藏在這五音之中了。"

不鼓琴，琴則不鳴；不治國，國則不強。這樣的道理，被鄒忌以彈琴為喻，委婉地勸諫於齊威王。齊威王反省己身，再看當今齊國的衰弱，明白長此以往必是亡國的下場。於是他決定振作起來，任用鄒忌為相國，改革整頓朝政。

而且自此以後，齊威王變得虛心納諫，鼓勵大家向他提意見，並頒下令旨："群臣吏民能面刺寡人之過者，受上賞；上書諫寡人者，受中賞；能謗譏於市朝，聞寡人之耳者，受下賞。"（《戰國策·齊策》）也就是，無論朝臣還是平民百姓，只要當面提出他的過失，就能得大獎賞；如果能上書勸諫的，則能得到中賞；如果在大庭廣眾中議論君王的過失，可以得下賞。如此一來，"群臣進諫，門庭若市；數月之後，時時而間進；期年之後，雖欲言，無可進者"。大家聽說有這麼一道命令，都來向齊威王出謀劃策，盡數他的過失，宮裡多人進出，門庭若市。幾個月後，進諫的人少了，不是因為齊威王改變了主意，也不是大家不願意，而是沒有什麼可說的了。一年後，即使想進言，也已經無可進了。

國之富強由此而見。“齊最強於諸侯，自稱為王，以令天下。”齊國成為一方的霸主，不可不說鄒忌鼓琴勸諫的功勞之大！

第六編　古琴名曲

歷史上有許許多多的古琴名曲，但是流傳至今的已非常稀少。琴曲是古琴的重要組成部分，瞭解琴曲能夠讓我們加深對古琴的認識。本編選擇介紹了《廣陵散》《酒狂》《鳳求凰》《陽關三疊》這四大名曲。

一、一曲廣陵散，絕世不可寫——《廣陵散》

古琴之音，圓潤古樸、疏朗淡泊，這亦是符合中華文人傳統的平和中正的精神，可去繁華之喧鬧，漸入靜境，講究的正是“和、清、淡”的審美標準。卻有這麼一曲，旋律慷慨激昂，勢若長虹，竟存殺伐之氣，其中所含悲恨憂憤之情，使聽者無不為之動容驚歎，這就是《廣陵散》。

《廣陵散》是我國古代十大經典名曲之一，又名為《廣陵止息》《報親曲》。此曲帶著一股浩然正氣，一直在華夏大地流傳，其意義已遠遠超過了一般的古琴曲，在我國的音樂史上有著重要的地位。

“廣陵”指的是江蘇揚州，所以《廣陵散》初始並不是古琴曲，而是流傳在廣陵地區的民歌，後發展為楚調，是由各種民族樂器合奏而成的樂曲。再後來，其他樂器的曲譜已失傳，只留下了古琴譜，並發展到今，成為構思嚴謹、結構龐大的古琴組曲。“散”是音樂體裁，意即“曲”。

北宋的《止息序》裡說：“其怨恨淒惻，即如幽冥鬼神之聲。邕邕容容，言語清冷，及其拂鬱慷慨，又亦隱隱轟轟，風雨亭亭，紛披燦爛，戈矛縱橫。粗略言之，不能盡其美也。”

何故《廣陵散》會與其他琴曲不同，竟存慷慨剛烈之氣呢？

東漢琴家蔡邕的《琴操》談到了與該曲相關的歷史故事：

戰國時期，有位聶姓的韓國鑄劍匠，因手藝超凡，受命為韓王鑄劍。可是過了韓王所規定的期限，聶匠還是沒有鑄成韓王所要的寶劍。韓王一怒之下，就把聶匠殺了，當時聶匠的妻子已懷有孕。

不久後，聶匠的妻子生得一個兒子，取名聶政。聶政成年後，問母親：“我的父親在哪裡？”母親把昔日韓王殘暴害他失去父親的事情一五一十告訴了他。聶政當即起願，要殺了韓王，為父親報仇。

有一天，聶政混入了王宮，尋得一個機會，拔劍刺向韓王，被韓王的護身侍從攔下了。幸得聶政翻牆逃出，才得以保命。只是四處都有懸賞追捕，還把聶政的畫像張貼佈告，他為了躲避開韓王的耳目，唯有逃進深山中。

可是父仇未報，縱死也不安心。於是聶政四處打聽韓王的消息，知道韓王喜歡琴樂，便在山中隨一位隱名琴師學琴。經過七年的苦練，聶政的琴技大進，成了一等一的鼓琴高手。

問題又出現了，當年韓王四處張貼聶政畫像以通緝，現在自己貿然出山，必會被別人所認，更不要說進宮刺殺了。聶政想到當年父親慘死，不禁悲慟難忍，於是咬咬牙，在身上塗上漆來改變膚色，又吞下了一塊熱炭，把聲音變得嘶啞。一切就緒，聶政便持劍下山，尋找機會復仇。

沒想到，竟在路上遇到他多年未見的妻子。相見卻不能相認，真是煎熬。聶政不由向妻子潸然一笑，妻子卻當即淚流滿面。聶政問：“夫人為何流淚？”妻子回答：“我夫聶政，出遊了七年沒有回來，我只能在夢裡思念他。方才你一笑，露出的牙齒跟聶政一樣，我又想起了他，不禁悲從中來。”聶政輕歎一聲，強忍安慰著：“天底下所有人的牙齒都跟聶政的一樣，不要哭了。”他說罷，轉身離去。

聶政回到山裡，仰天長歎：“我為報父仇，變容易聲，卻因為牙齒差點被妻子認了出來，父仇何時才能得報啊？”於是拾起石頭，打落了自己的牙齒，又在山中練習琴技，轉眼又三年。

這時候再下山，已經沒有人能認得聶政了。他去到鬧市裡，盤腿撫琴，“觀者成行，馬牛止聽”。圍觀的人很多，就連牛馬都停下來聽他彈琴。很快，聶政精湛的琴技傳到了韓王的耳中。韓王派人召聶政入宮獻藝，這是個機會，聶政把匕首藏在琴腹中，在離韓王不遠處擺琴演奏。

正當韓王與身邊的侍衛都凝神陶醉時，聶政突然從琴底出音口處拔出匕首，以迅雷不及掩耳之勢刺進韓王的心臟，拽著韓王的衣服大吼：“會有人像我這樣生而不見父親嗎，有嗎？”

聶政殺了韓王，知道會連累到母親，趁著護衛被眼前突發的事嚇呆的時間，聶政用匕首自剝面皮，自斷形體，保證不可能有人能認出他來，方才斷了氣。朝廷把聶政曝屍於鬧市中，說是若有人認出他來，懸賞黃金千兩，圍觀

南陽漢畫像石刻《聶政自屠》

的人很多，卻沒有人知道他是誰。

這時候，來了一位老婦人，抱著屍體大聲痛哭，說："這是我的兒子聶政，韓王殺死了他的父親，他是來報父仇的，卻又怕連累我，才自毀容顏。我不能為了貪生，而讓我的兒子默默無聞地死去，我要告訴全天下，我的兒子是個孝子，是個英雄，應該揚名於世！"說罷，竟抱著聶政的身體，氣絕身亡。

現存的《廣陵散》琴曲，全曲規模宏大，共有四十五段，分為開指一段、小序三段、大序五段、正聲十八段、亂聲十段、後序八段幾大部分。傳譜中還分有如"刺韓""衝冠""怒發""投劍"等小標題，漸進闡述聶政的整個心理變化歷程。

根據其音樂藝術特點，全曲又可分為三部分。

第一部分由開指、小序、大序組成，開指亦屬於引子，較為平和。小序和大序為後曲起到了鋪墊的作用，旋律穩定，情緒沉重淒怨，相較於後曲的激昂悲憤，此處還算平緩。

第二部分便是正聲的十八段，相當於一篇文章的正文，表現了全曲的主題，可以說是琴曲最精彩的部分，變現了聶政急劇的心理變化，以及形成鮮明對比的兩個基本主題表達的情緒。一是哀涼淒怨的感情，這裡是含蓄的，因為懷念而不安，用"淌下"等技巧表現壓抑在沉默中的悲痛，旋律較緩，沉重之情溢於弦間。再是悲憤緊張的情緒 樂曲節奏變得頓挫跌宕，力度不斷加強，咄咄逼人的氣勢把琴曲推向了高潮。這裡用了表現慷慨磅礴的指法"撥剌"，發出重疊同音，爆發強烈的抗爭感，讓人膽戰心驚。關於這個"撥剌"指法的運用，也是《廣陵散》指法的研究重點。北宋的沈括在《夢溪筆談》中有說"嘗有人觀畫《彈琴圖》，曰：'此彈《廣陵散》也。' 此或可信。《廣陵散》中有數聲，他曲皆無，如潑攦聲之類是也。"他說的"潑攦"，也就是"撥剌"。反復用這個指法，可有霹靂雷電之勢。耶律楚材（1190 年—1244 年）在研究

《廣陵散》時曾就這個指法賦詩數句雲："數聲如怨訴，寒泉古澗澀。幾折變軒昂，奔流禹門急。大弦忽一撚，應弦如破的。雲煙速變滅，風雷恣呼吸。數作撥剌聲，指邊轟霹靂。一鼓息萬動，再弄鬼神泣。"詩句生動表現了"撥剌"指法如電閃雷鳴般激烈的感覺。

第三部分即尾聲，包括了亂聲十段和後序八段。大仇終已報，縱是殉身亦得其所，自是淋漓痛快，自由舒暢。亂聲中可有琴人根據對琴曲的理解不同，而作的即興彈奏，是以開放的形式來表現此段主題。

整首樂曲的敘事性比較強烈，曲調情緒對比明顯，內容豐富，具有很高的藝術成就，這也是《廣陵散》能成為奏響千古的名曲的原因。

說到《廣陵散》，便不得不提及一個人物，就是魏晉時期的嵇康。可以說，嵇康成就了《廣陵散》的文化內涵。

傳說嵇康學得《廣陵散》，還有一段傳奇的故事。《晉書》所載："嵇康嘗遊會稽，宿華陽亭，引琴而彈。忽客至，自稱古人，與談音律，辭致清辨，索琴而彈曰：'此《廣陵散》也。' 聲調絕倫，遂授於康，暫不傳人，不言姓而去。"故事說的是嵇康在華陽亭彈琴，遇見一位深諳琴道、道骨仙風的老人，傳以聲調絕倫的《廣陵散》，並答應不把此曲傳與他人。嵇康得曲後刻苦操練，真正領悟到《廣陵散》中剛勁正直的精神，所以他彈的《廣陵散》已臻化境。

司馬昭以莫須有的罪名抓捕了嵇康，並下令處以極刑。當時三千太學生為救嵇康，聯名要求司馬氏"請以為師"，卻還是敵不過司馬氏的專政。

對於嵇康臨刑時的情境，在《世說新語·雅量》中有著詳細的敘說："嵇中散臨刑東市，神氣不變，索琴彈之，奏廣陵散。曲終，曰：'袁孝尼嘗請學此散，吾靳固不與，廣陵散於今絕矣！'"

嵇康把畢生的政治理想和藝術理念融合在曲子裡，完成了最後一次的演奏。壯烈的琴音回蕩在刑場上空，蒼涼悲壯，其殺伐之氣連行刑者都不禁一驚。他終於如願掙脫了"名教"的束縛，而使心之自然。他的臉上毫無懼色，面對生死，他早已放開，大義凜然，慷慨赴難。

我們今天所彈的《廣陵散》或已不是當年嵇康的版本，但那種浩然正氣卻一直流傳至今，成為而今我們所要提倡的民族精神，其音樂藝術的真實性也是不容置疑的。現存的曲譜，最早見於明代朱權《神奇秘譜》，其有文介紹了這個曲譜的來源："廣陵散曲，世有二譜。今予所取者，隋宮中所收之譜。

范曾《竹林七賢圖》

隋亡而入於唐，唐亡流落於民間者有年，至宋高宗建炎間，複入於禦府。經九百三十七年矣，予以此譜為正。故取之。”

《廣陵散》的流傳因嵇康與聶政的捨生取義而帶有濃重的悲劇神秘意義，也有著一定的浪漫色彩，而其所包含的思想內涵，卻不僅僅是這些。

無論是聶政為報父仇刺殺韓王，還是嵇康不畏強權慷慨赴死，都給《廣陵散》賦予了豪邁壯烈、反抗壓迫的鬥爭精神，以琴音的方式控訴統治階級殘酷的暴政。這種思想在中國封建王權的社會是不為所容的。所以，雖然《廣陵散》有著極大的藝術價值，其所傳譜本卻並沒有其他名曲多，可見當時《廣陵散》所內含的思想在封建社會是被反對和打壓的。例如，南宋的理學家朱熹就說：“琴家最取廣陵散操，以某觀之，其聲最不平和，有臣淩君之意。”

《廣陵散》歷經千百年仍迴響不絕，是古琴曲中唯一一首具有戈矛鬥爭之勢的琴曲。它的思想價值和歷史價值在古琴音樂藝術研究中是深刻的，甚至有人把它譽為古琴音樂的巔峰之作，實不為過。

二、我醉欲眠君且去，明朝有意抱琴來——《酒狂》

傳統的古琴曲雖然表現題材各異、風格多樣，但一般都以和靜、清雅、淡遠為基調。縱然是表達醉後的作品，如《醉翁吟》，也只是悠閒愜意的風格。唯有此曲《酒狂》，刻畫的是醉酒後恍惚迷離、步履蹣跚之狂態。試想一醉漢，走起路來跌跌撞撞，旁若無人地引吭高歌，放誕自任，豈有優雅平和可言？

《酒狂》一曲是魏晉名士阮籍所作。阮籍與同期的嵇康一樣，都對司馬氏抱有不合作的態度，只是嵇康的反抗是激烈的，不留餘地的，而阮籍則顯得更小心一點。他為了避禍，不得已要入朝為官，就請求去藏有好酒的步兵營中做事，以便可以常常喝酒。他嗜酒成癖，每天就倒在酒埕中，縱情豪飲。朱權《神奇秘譜》對《酒狂》的解題就說道："是曲也，阮籍所作也。籍歎道之不行，與時不合，故忘世慮於形骸之外，托興於酗酒，以樂終身之志。"

阮籍酗酒，為了宣洩心中積鬱的不平之氣，逃逸現實。《世說新語》中就道："阮籍胸中壘塊，故須酒澆之。" 他也借飲酒表達對專權者的不滿，更重要的是，可作為自我保護的一種手段。司馬氏曾希望以聯姻的方式拉攏阮籍，要阮籍把女兒嫁到皇室，阮籍心中十分不願意，於是狂喝酒，連醉六十餘天，人事不省，這次聯姻也就不了了之了。司馬氏集團裡有些人多次想找藉口來加害阮籍，也都因阮籍的大醉而作罷。

這就是《酒狂》的創作背景。《酒狂》一曲，短小精悍，樂句嚴謹簡練，音樂形象雖單一卻傳神，情感激越。這是一首精湛的小曲，如一副速寫畫，僅用了寥寥的幾筆，就把人物的酣醉形態表現出來。

《酒狂》在《神奇秘譜》(1425 年)、《風宣玄品》(1539 年)、《重修真傳》

唐代畫家孫位元《高逸圖》局部，左為阮籍，右為劉

（1585 年）、《太古遺音》（1609 年）、《理性元雅》（1618 年）、《西麓堂琴統》（曲名《流觴》，前五段與《酒狂》同）幾種存見古譜中都有傳譜。

我們今天最常彈的，是姚丙炎先生據《神奇秘譜》合參《西麓堂琴統》打譜出來的版本。這個版本是變奏體，用的是三拍子，另把第二拍加強，輕重顛倒，表現出醉後頭重腳輕的姿態。樂曲有一個主旋律，並在不同的高度略加了一點變化來重複，在重複樂段中間加有過渡性樂句，回環往復，對所要表達的情感加以強調，並有所提升，把情緒推向高潮。

樂曲中嵌入了大跳的音程，強弱明顯，呈跌宕起伏之勢，恰如其分地表現醉者步履踉蹌的狼狽形態。在短小的樂句之後，會出現時值較長的停滯，這裡可用“大撮”的手法，表現醉後行步的艱難，欲行又止，似乎受到沉重的打壓。這裡也可理解為對當時政治時局的無奈，致時人舉步維艱的感歎。

整曲的結尾以“仙人吐酒聲”為題，用“拂”和“長鎖”的指法，如在汩汩酒聲中，傾瀉出滿腔的愁鬱。最後以一聲“撮”音，歸於寂靜，仿若要讓聽者重新回到那個混沌沉重的現實之中。

《酒狂》帶著無限的深意，跨越時間之流，一直流傳至今，為今人所喜愛。我們當能從這些流動的音符中，看到當時那個“忽忘形骸，時人多謂之癡”

的狂士阮籍。

附:《古琴曲集》(1983年)中《酒狂》琴譜(姚丙炎打譜)

酒　　狂

〔4〕

三、鳳兮鳳兮歸故鄉，遨遊四海求其凰——《鳳求凰》

《鳳求凰》只是一首簡單短小的古琴曲，只有一分多鐘。全曲並無甚複雜的指法，也沒有變化的調式，即使是旋律亦是較為簡單，多為初學者練指所用。可偏偏就是這首簡單的曲子，帶著淡淡的喜慶和一抹不經意的溫柔，直抵聽眾心底最柔軟的地方。

此曲表現的便是"司馬相如琴挑卓文君"的一段風流佳話，所以多傳為司馬相如所作。此說法待考，而這一個故事卻流傳了兩千餘年。當《鳳求凰》的第一個散音響起，我們便能跟著緩緩淌出的琴聲，走進這樣的畫面：儒雅清傲的他，端坐在梁王所贈的名琴"綠綺"之旁，指間傾訴著真誠深刻的情意，而簾後隱沒的一個身影，與彈琴者形如咫尺，心已相交。

晉代葛洪在《西京雜記》中有記此事："司馬相如……攜綠綺遊臨邛，以琴心挑卓女，作為琴歌。"可見當時司馬相如在卓家堂宴所彈的小曲是一首琴歌，有歌辭相配，不過並無實證說明這就是後來的《鳳求凰》。

直到南朝徐陵所編《玉台新詠》中錄下司馬相如的琴歌文辭並序如下：

> 司馬相如遊臨邛，富人卓王孫有女文君新寡，竊於壁間窺之，相如鼓琴歌以挑之曰：
>
> 鳳兮鳳兮歸故鄉，遨遊四海求其凰。時未通遇無所將，何悟今夕升斯堂。
>
> 有豔淑女在此方，室邇人遐獨我腸。何緣交頸為鴛鴦！
>
> 凰兮凰兮從我棲，得托孳尾永為妃。交情通體心和諧，中夜相從知者誰？

雙興俱起翻高飛，無感我心使予悲。

今人多彈唱的《鳳求凰》，最早錄載於明代的《真傳正宗琴譜》，其文辭卻不是這首，而是如下的一闋：

有美人兮，見之不忘。一日不見兮，思之如狂。
鳳飛翱翔兮，四海求凰。無奈佳人兮，不在東牆。
將琴代語兮，聊寫衷腸。何日見許兮，慰我彷徨。
不得於飛兮，使我淪亡，使我淪亡。

這兩首《鳳求凰》不單只歌辭相異，連曲調也完全不一樣，想必是同名同題材的兩首古琴曲，可見《鳳求凰》的曲本也有許多種。為了區別，第二首又名《文君操》，疑為後人擬作。

而此曲最早的譜本見於明代汪芝所編輯的《西麓堂琴統》（1549 年），而且在所錄譜後附有的幾句《鳳求凰》解題中也敘述了司馬相如與卓文君的這一段佳事："司馬相如薄遊臨邛，遇卓王孫之女文君，新寡，作此挑之，因奔相如，與俱歸成都。後遂為之弦歌。"只是當初司馬相如琴挑文君所作的曲子，是否就是今天我們所看到的《鳳求凰》譜，至今仍有許多爭議。

而後明清時期的琴譜，近代的《梅庵琴譜》等多種古琴譜集，都有收錄到名為《鳳求凰》的弦歌，但版本不盡相同。

後附《西麓堂琴統》第二十四卷所錄《鳳求凰》譜及解題。

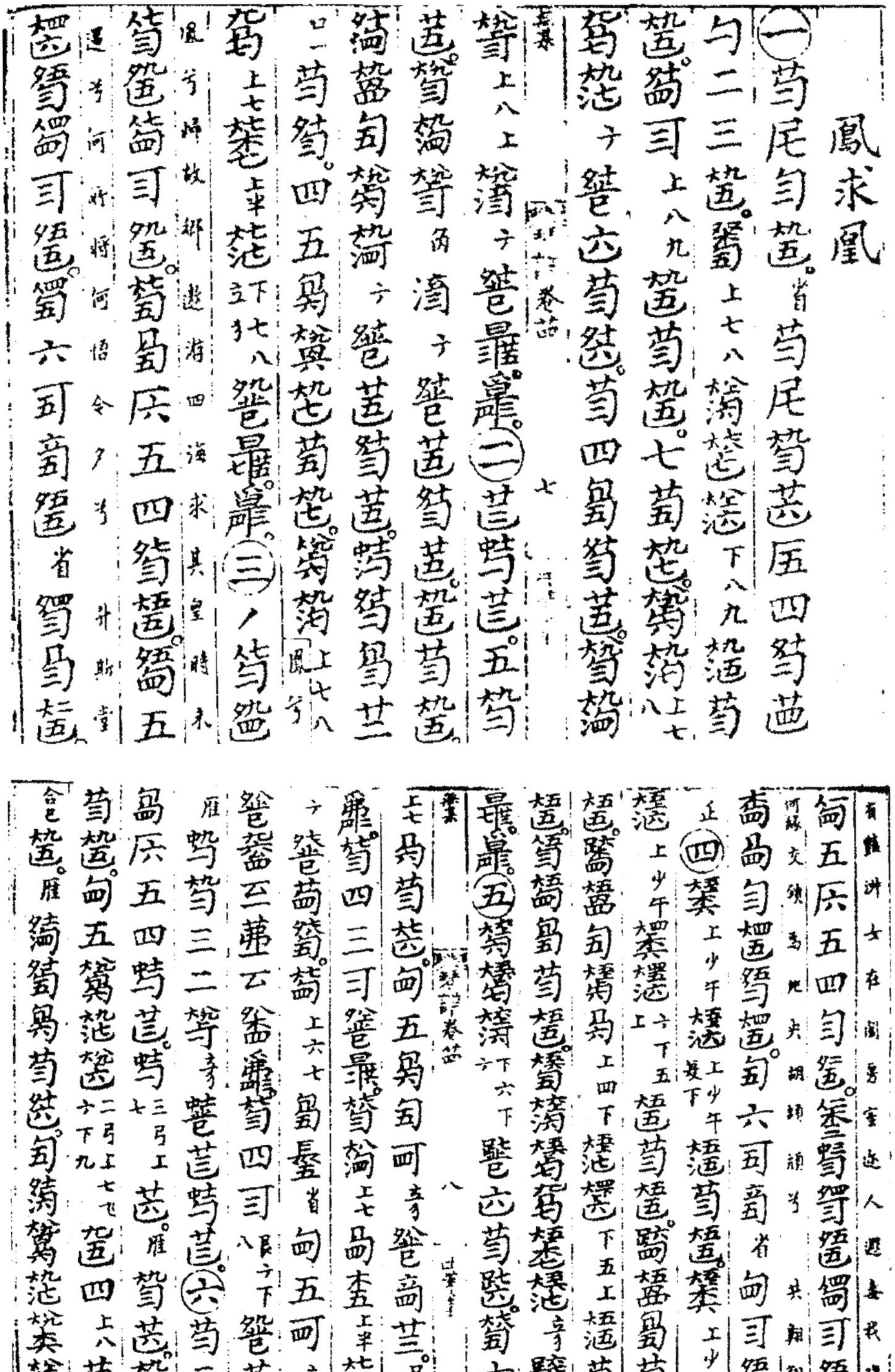
鳳求凰
鳳兮歸故鄉遨遊四海求其皇時未遇兮何所將何悟今夕兮升斯堂
有艷淑女在閨房室邇人遐毒我腸
何緣交頸為鴛鴦胡頡頏兮共翱翔

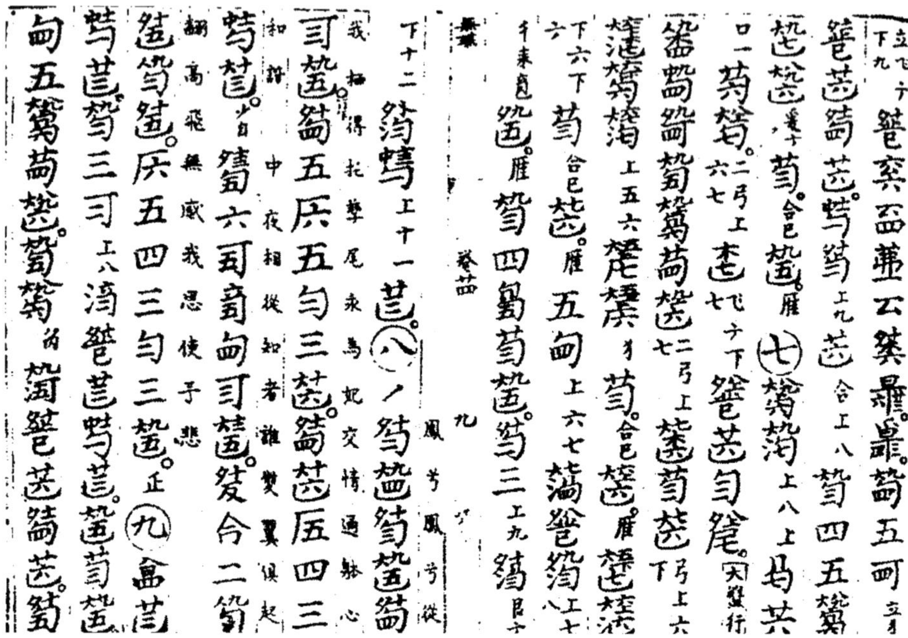

鳳兮鳳兮從
我栖得托孳尾永為妃交情通體心
和諧中夜相從知者誰雙翼俱起
翻高飛無感我思使予悲

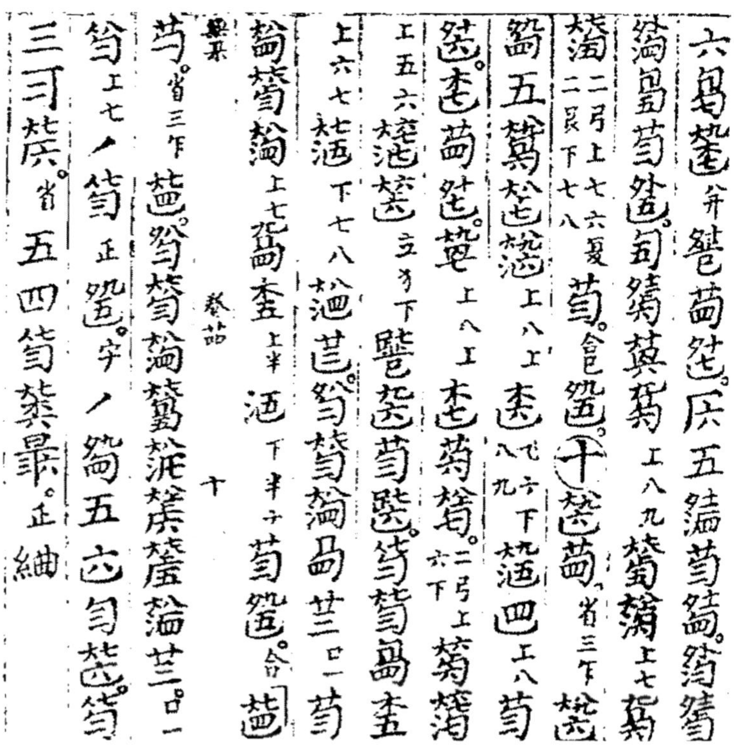

司馬相如薄游臨卬遇卓王孫之女文
君新寡作此挑之因私相如與俱帰成
都後遂為之絃歌

四、勸君更盡一杯酒，西出陽關無故人——《陽關三疊》

所謂“詩言志，歌詠言，聲依詠，律和聲”，古琴音樂在很長的一段時間，都以琴歌的形式存在。古琴曲《陽關三疊》便是一首歷史悠久、流傳廣泛的琴歌，千百年被人們傳唱至今，是琴歌文化寶庫中最有代表性的珍品。

《陽關三疊》創作於唐朝，又名為《陽關曲》《渭城曲》，根據唐代詩人王維的詩《送元二使安西》改編譜曲而成。原詩是以送別為題材的七言絕句，全詩為：“渭城朝雨浥輕塵，客舍青青柳色新。勸君更盡一杯酒，西出陽關無故人。”

寥寥數言，惜別的情緒躍然於紙上，尤為深沉動人。我們仿佛看到這樣的一個畫面：在渭城的某個春天的清晨，小雨濛濛，向遠方延伸的道路上，也因這雨點的輕潤，纖塵不揚；客舍清新，綠柳更顯翠色欲滴。“昔我往矣，楊柳依依。”詩人用詩句描繪出這樣輕柔明朗的圖景，是為了不讓離別變得更加沉重而刻意營造的嗎？一切景語皆情語，似乎每個字都在訴說著詩人當時矛盾複雜的心緒。千言萬語，該從何說起，離別在即，唯在勸酒中把無言的感傷和惆悵留在杯中。詩人只道：“再喝一杯吧，出了陽關，再無故人相伴在旁，便要孤身只影，獨嘗那身處異鄉的羈苦。”這麼簡單樸素的一言，卻包含著詩人濃烈真摯的感情，感染了每一個讀者。

《陽關三疊》的原譜曲作者已無從考證，迄今所見最早的琴譜是刊於明代弘治四年（1491 年）的《浙音釋字琴譜》。現存的《陽關三疊》琴歌譜有數十種版本，現今最為流行的原刊載於明代《新刊發明琴譜》（1530 年），後來經改編被錄入清代張鶴的《琴學入門》（1864 年）。

所謂“三疊”，也即把主題反復詠唱三遍，並加以不盡相同的副歌部分，以變奏體、長短句的形式，貫穿在一起成為三個段落，最後再有一個尾聲，連成一曲。主歌曲調舒緩，副歌樂韻哀婉惆悵，層層遞進，極富意蘊。

第一疊，以“清和節當春”作為引句，隨後便是主體詩句部分。緊跟著的“遄行，遄行”，以八度的大跳，表現情感頓挫。而後用連續的技法“撮”，反復唱詠：“曆苦辛，曆苦辛，歷歷苦辛，宜自珍，宜自珍。”故人即將獨身踏上離鄉之途，曲中奏出詩人滿腹牽掛，囑咐遠行者，經歷行役之煎熬，當要自己珍重。

第二疊，主歌之後輕訴著“依依顧戀不忍離，淚滴沾巾”，仿聽見琴聲低咽，蒼涼感傷。兩聲“感懷”，與第一疊一樣，依然是八度跳，情緒跌宕。與之不同的是，第一疊是對臨別故人的囑咐，第二疊則表達了依依不捨的眷戀之情。“思君十二時辰，商參各一垠”，如此一句，撥動著千萬離人的心弦，不由得模糊了雙眼。

如果說前兩疊的曲意變化不大，那麼第三疊就承起了把全曲推向高潮的任務。第三疊的節奏更為緊湊急促，旋律也不是單純如前的重複。特別是“千巡有盡，寸衷難泯，無窮的傷感，楚天湘水隔遠濱，期早托鴻鱗”一句，力度由弱漸強，節奏由慢漸快，給人以無限延展的感覺。字字感慨，擲地有聲，極富表現力，達到全曲的高潮。

最後泛音部分就是琴曲的尾聲，情緒漸漸平緩下來，由方才的激動感慨，轉為一聲深深的歎息：“噫，從今一別，兩地相思入夢頻，聞雁來賓。”樂韻淒婉悠長，相思如夢，餘味嫋嫋未盡，形象地表現出詩人黯然失魂之態。

琴歌《陽關三疊》在反復的詠唱中意蘊深長，感人至深，在平靜處如輕輕細語，深情的對話；說到傷心處，又若泣若訴；在激越處慷慨起伏，充分表達了情緒的起伏波動。它的內容和形式歷代以來經過不斷擴展豐富，終成為古琴弦歌史上一顆璀璨的明珠，廣為人們所熟悉。

國家圖書館出版品預行編目（CIP）資料

中華文化叢書：古琴 / 盧靜雲 編著. -- 第一版.
-- 臺北市：崧博出版：崧燁文化發行, 2019.05
面； 公分
POD版

ISBN 978-957-735-870-7(平裝)

1.琴 2.中國文化

541.26208　　108006974

書　名：中華文化叢書：古琴
作　者：盧靜雲 編著
發 行 人：黃振庭
出 版 者：崧博出版事業有限公司
發 行 者：崧燁文化事業有限公司
E-mail：sonbookservice@gmail.com
粉 絲 頁：　網 址：
地　址：台北市中正區重慶南路一段六十一號八樓 815 室
8F.-815, No.61, Sec. 1, Chongqing S. Rd., Zhongzheng
Dist., Taipei City 100, Taiwan (R.O.C.)
電　話：(02)2370-3310 傳　真：(02) 2370-3210
總 經 銷：紅螞蟻圖書有限公司
地　址: 台北市內湖區舊宗路二段 121 巷 19 號
電　話:02-2795-3656 傳真 :02-2795-4100　網址：
印　刷：京峯彩色印刷有限公司（京峰數位）

定　價：290 元
發行日期：2019 年 05 月第一版
◎ 本書以 POD 印製發行